全国ビジネスホテル朝食図鑑

ビジホの朝メシを語れるほど食べてみた

ビジネスホテル朝食評論家
カベルナリア吉田

YUSABUL

まえがき

それはオニギリホテルの衝撃から始まった

昔はビジネスホテル自体に泊まっていなかった。旅の仕事を始めた当初は、民宿やゲストハウスに泊まって、旅人同士ワイワイやるのが好きだったから。

でも編集さん同行の出張だと、ゲストハウスってわけにもいかず、ビジネスホテルに泊まった。普通にバイキング朝メシが出てきてガバガバ食べていたけど、特に記録しようとも思わなかった。

だがある日、転機は突然訪れた。

俺はそのころ、那覇から宮古や石垣に飛ぶＪＴＡの機内誌「Ｃｏｒａｌｗａｙ」の仕事で、編集お姉さんと一緒に2か月に1度、沖縄に行っていた。那覇で泊まるホテルはいつも、前島のシティコート。ここの朝バイキングは品数が多くて、当時は体重が１００kg以上あった俺はいつも、朝からウインナーを15本食べて取材に臨んでいた。

だがあるとき突然、ホテルが「東横イン」に変わってしまった。まだ東横インというホテルを知らなくて「東急東横線がホテルを出したのか？」と思っていた。そしてその朝メシは、衝撃だった！

ここで食べるの？　まず驚いたのが朝食会場。ホテル内のレストランとかじゃなくて、ロビーで食べるのだ。ここで？

さらに「朝バイキング」のメニューに、衝撃を通り越して戦慄が走った。おにぎり、味噌汁、漬物、ゆで卵。以上！　これだけ？

俺は編集お姉さんに「シティコートに帰りたいよお！」と、当時40歳を過ぎていたのに三面怪人ダダをこれてみたが、結局変わらずこのあとも東横イン。いつの間にかシティコートは閉じてしまった。

最初は抵抗があった。メニューがショボいし、タダ朝メシのために行列に並ぶ自分が、惨めにすら思えた。俺も堕ちたもんだ……とか思い、一時は意地になって外の牛丼屋で、金を払って朝定食を食べたりもした。

だが不思議なもので、段々慣れてきた。東横インも次第に納豆やウインナーほかオカズが増え、白ご飯も出るようになりグレードアップ。その頃からだろうか、1泊6000円前後のビジネスホテルが、競って朝食を出すようになったのは。東横インがない街では名も知らぬホテルに泊まり、朝メシを食べた。

やはりズラリと並ぶ大人たち。中にはどうかしているほど料理を盛ったり、前の人を追い抜かす奴もいる。一方で朝メシの内容は、どのホテルもどんどん豪華になっていった。オニギリとゆで卵だけだった東横インも、その土地ならではの郷土料理が並んだり。

——ある日ふと気がついた。これは日本の縮図かもしれない、と。

起きて間もない「朝メシ」の場で、昼間はスーツをまとい隠しているビジネスマンの素顔が、チョイチョイ垣間見える。寝乱れた浴衣姿のダラしないオジさん、スマホをいじりつつ無表情に食べる若者。マナー、行列の並び方、料理の盛り方。そのひとつずつに日本の「今」が見える。一方で地方のホテルほどグレードアップしていく料理に、B級グルメで起死回生を狙う街おこしが重なることも。

ここには「日本」がある。そして俺は旅が仕事だから、せっかく全国を周るなら、その朝メシを記録しておこう。そんなわけで始めたビジホの朝メシ採食の、2年分の記録をまとめてみたので、一気にご紹介したい。アナタにはどんな「日本」が見えるだろうか、なんてね。始まり始まり〜。

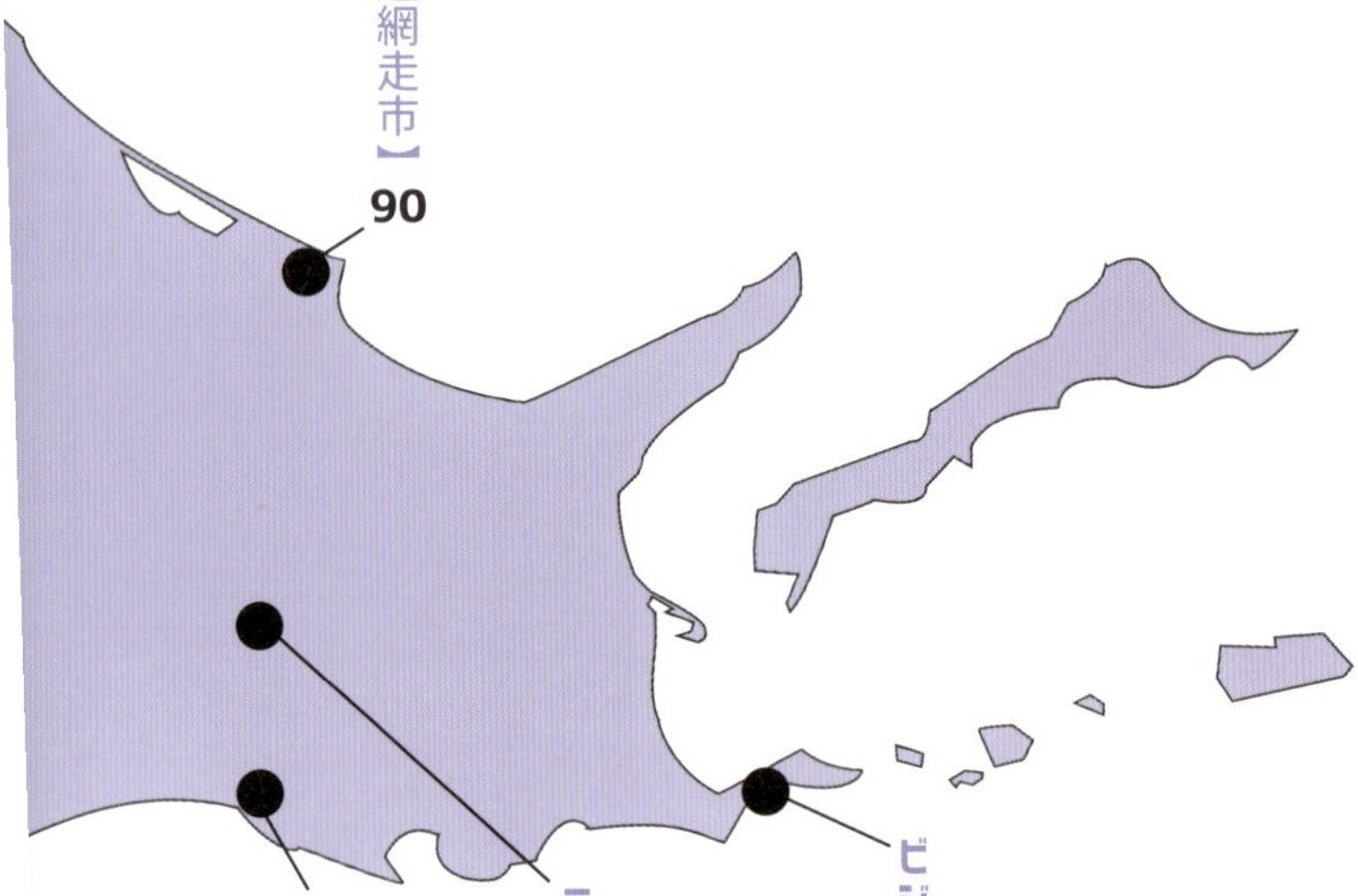

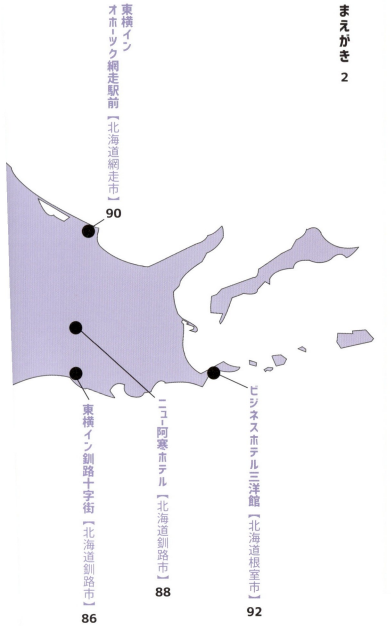

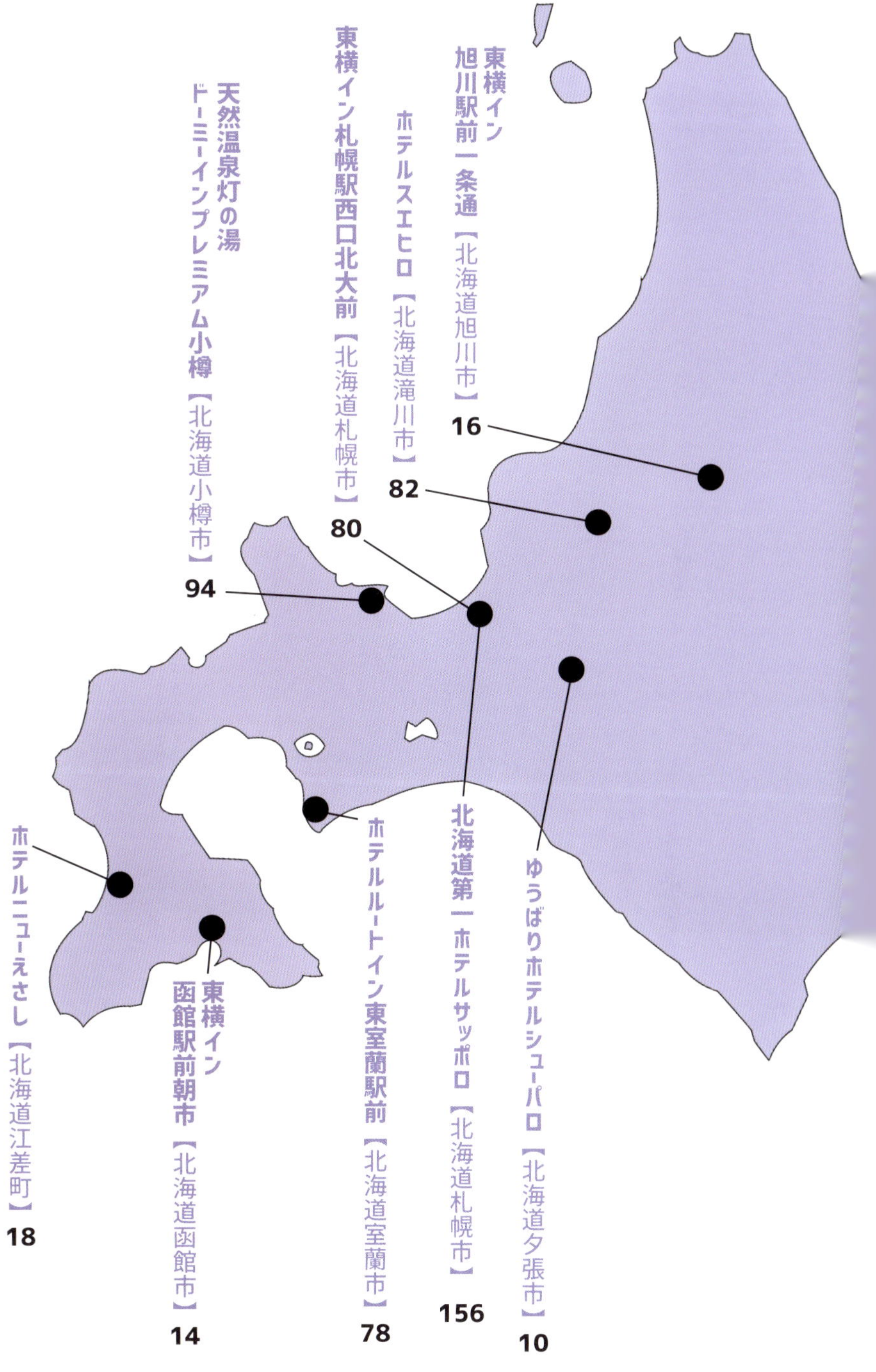
東横イン旭川駅前一条通【北海道旭川市】
16
ホテルスエヒロ【北海道滝川市】
82
東横イン札幌駅西口北大前【北海道札幌市】
80
天然温泉灯の湯ドーミーインプレミアム小樽【北海道小樽市】
94
ゆうばりホテルシューパロ【北海道夕張市】
10
北海道第一ホテルサッポロ【北海道札幌市】
156
ホテルルートイン東室蘭駅前【北海道室蘭市】
78
東横イン函館駅前朝市【北海道函館市】
14
ホテルニューえさし【北海道江差町】
18

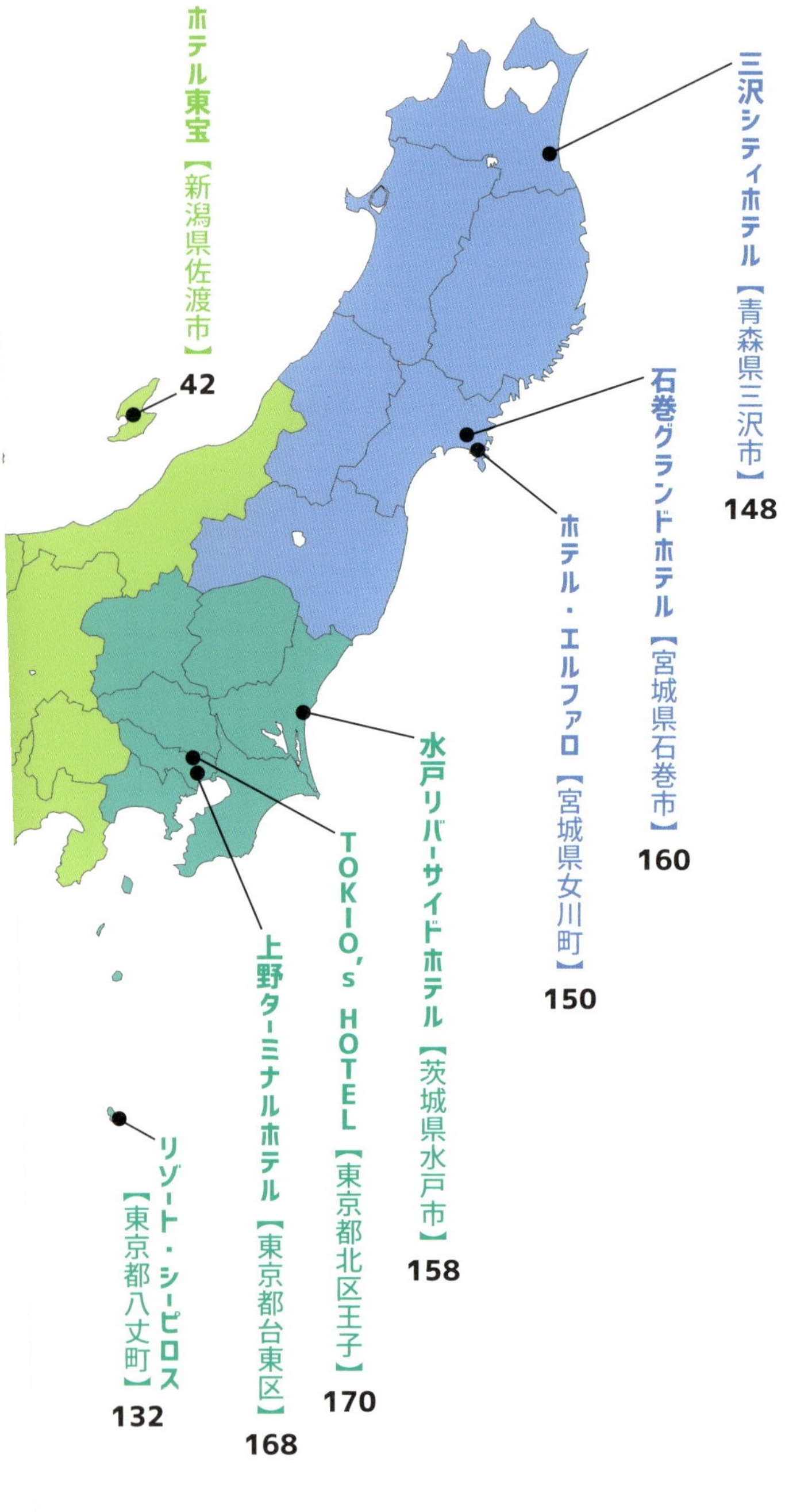
三沢シティホテル【青森県三沢市】
148
石巻グランドホテル【宮城県石巻市】
160
ホテル・エルファロ【宮城県女川町】
150
水戸リバーサイドホテル【茨城県水戸市】
158
TOKIO's HOTEL【東京都北区王子】
170
上野ターミナルホテル【東京都台東区】
168
リゾート・シーピロス【東京都八丈町】
132
ホテル東宝【新潟県佐渡市】
42

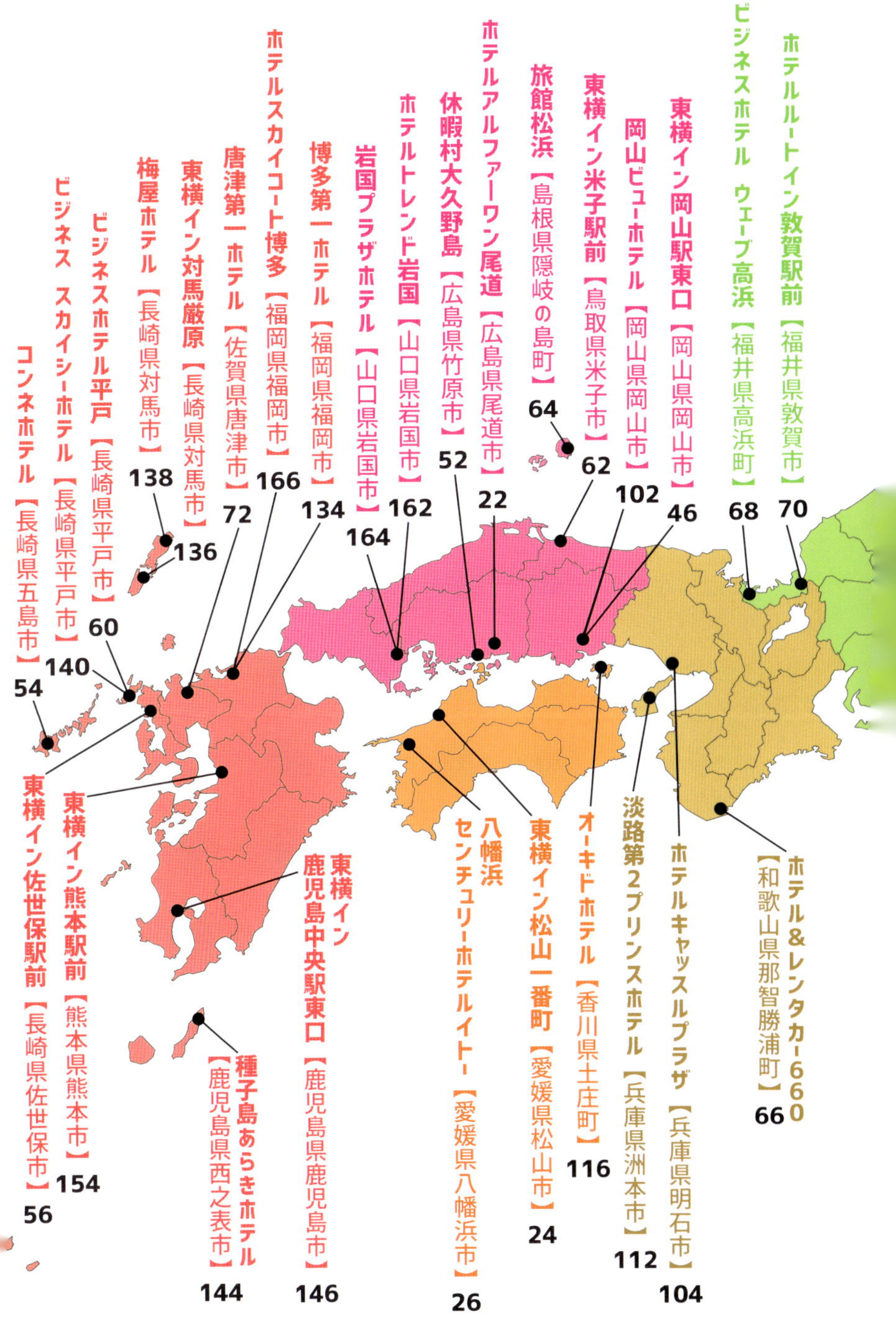
ホテルルートイン敦賀駅前【福井県敦賀市】
70
ビジネスホテル　ウェーブ高浜【福井県高浜町】
68
東横イン岡山駅東口【岡山県岡山市】
46
岡山ビューホテル【岡山県岡山市】
102
東横イン米子駅前【鳥取県米子市】
62
旅館松浜【島根県隠岐の島町】
64
ホテルアルファーワン尾道【広島県尾道市】
22
休暇村大久野島【広島県竹原市】
52
ホテルトレンド岩国【山口県岩国市】
162
岩国プラザホテル【山口県岩国市】
164
博多第一ホテル【福岡県福岡市】
134
ホテルスカイコート博多【福岡県福岡市】
166
唐津第一ホテル【佐賀県唐津市】
72
東横イン対馬厳原【長崎県対馬市】
136
梅屋ホテル【長崎県対馬市】
138
ビジネスホテル平戸【長崎県平戸市】
60
ビジネス　スカイシーホテル【長崎県平戸市】
140
コンネホテル【長崎県五島市】
54
ホテル&レンタカー660【和歌山県那智勝浦町】
66
ホテルキャッスルプラザ【兵庫県明石市】
104
淡路第2プリンスホテル【兵庫県洲本市】
112
オーキドホテル【香川県土庄町】
116
東横イン松山一番町【愛媛県松山市】
24
八幡浜センチュリーホテルイトー【愛媛県八幡浜市】
26
東横イン鹿児島中央駅東口【鹿児島県鹿児島市】
146
種子島あらきホテル【鹿児島県西之表市】
144
東横イン熊本駅前【熊本県熊本市】
154
東横イン佐世保駅前【長崎県佐世保市】
56

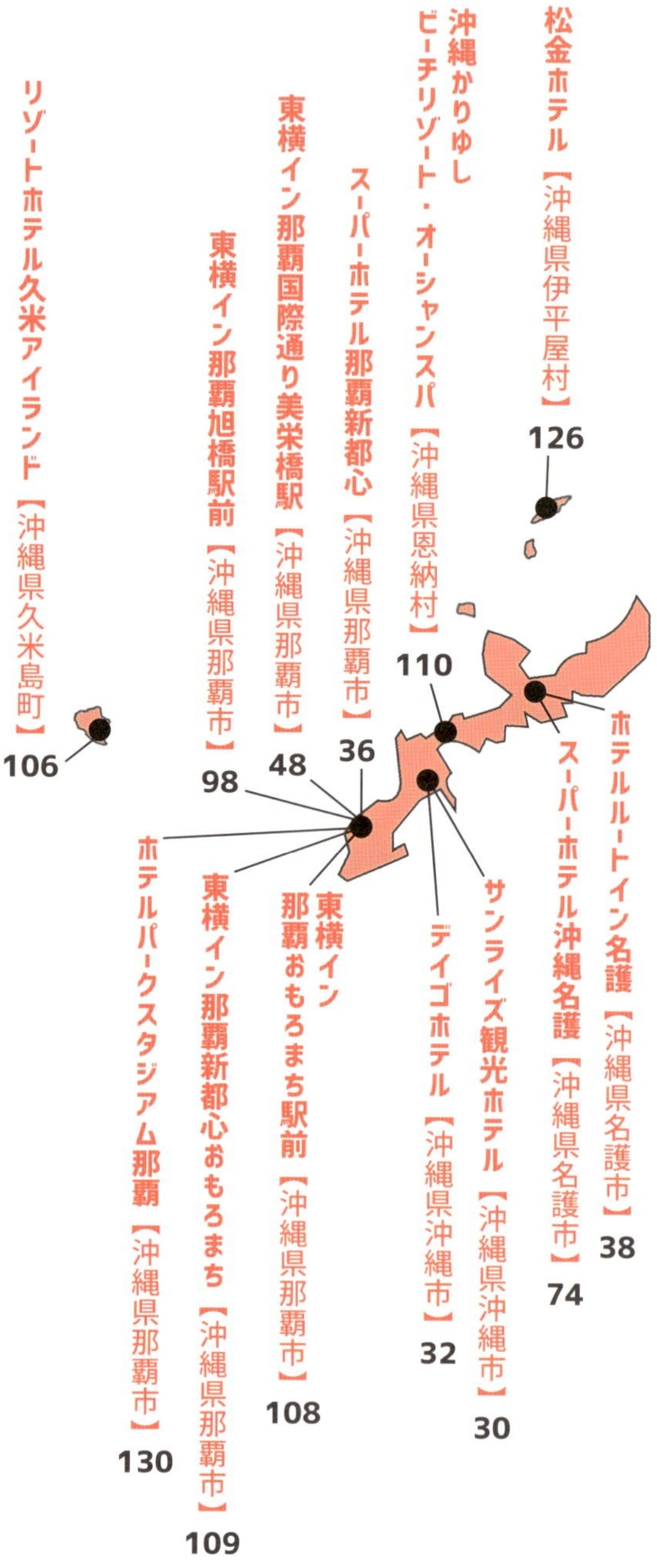
松金ホテル【沖縄県伊平屋村】
126
沖縄かりゆしビーチリゾート・オーシャンスパ【沖縄県恩納村】
110
スーパーホテル那覇新都心【沖縄県那覇市】
36
東横イン那覇国際通り美栄橋駅【沖縄県那覇市】
48
東横イン那覇旭橋駅前【沖縄県那覇市】
98
リゾートホテル久米アイランド【沖縄県久米島町】
106
ホテルルートイン名護【沖縄県名護市】
38
スーパーホテル沖縄名護【沖縄県名護市】
74
サンライズ観光ホテル【沖縄県沖縄市】
30
デイゴホテル【沖縄県沖縄市】
32
東横イン那覇おもろまち駅前【沖縄県那覇市】
108
東横イン那覇新都心おもろまち【沖縄県那覇市】
109
ホテルパークスタジアム那覇【沖縄県那覇市】
130

コラム目次

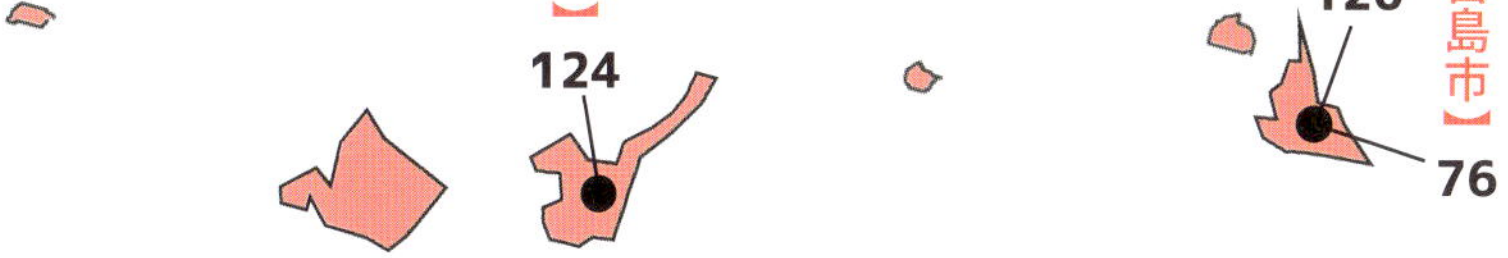

※本書は筆者が全国を取材で周る途中、たまたま泊まったホテルで、たまたま食べた朝食を集めて紹介しています。
※バイキングの場合、オカズは基本的に全種類、採食しています。ただしご飯とパンは、どちらか一方だけを食べています。
※紹介したホテルに行かれても、朝食内容が全く違う場合もあります。

ゆうばりホテルシューパロ

【北海道夕張市】

再起をかけた超豪華モーニング！

財政破綻してしまった夕張市である。だから朝メシに何の期待もしないで出かけたら、豪華バイキングでビックリ！

3×3＝9仕分けの大皿でも盛りきれず、小鉢フル稼働でようやく全品ゲット。テーブルに並べると、まるで満漢全席で「破綻した街」の虚しさは吹っ飛んでしまった。

市街は寂れていたが、居酒屋に入ったら美味かった。隣の席の地元オジさんと話が弾んで、一緒にバーになだれ込む一幕もあった。

あとご当地グルメの「夕張カレーそば」を駅に近

採食日／**2016年10月25日**　形態／**バイキング**

MENU

ソフトカツゲン

オレンジジュース

味噌汁
（油揚げ、とろろ昆布）

冷奴、長芋、梅干し

サラダ
（レタス、プチトマト、海藻、ニンジン、大根）

野菜たっぷり朝カレー

刺身
（サーモン、イカ、タコ、イクラ、トビッコ、白身）

生卵、イカ塩辛

温野菜

フライドポテト

ミニコロッケ

スクランブルエッグ

厚切りベーコン

出し巻き卵、うずら豆

タラコ、おひたし

きんぴらごぼう

ひじき煮、昆布巻き

サバ塩焼き

漬物
（タクアン、キュウリ、山ゴボウ）

昆布佃煮、ゆかり

のりたま、納豆

味付け海苔

ご飯

い店で食べたら、丼のフチギリギリまでスープを注いでくれてサービス満点、味もよかった。とにかく想像よりはるかに明るい夕張なのである。

　ホテルには中国の団体がドワーッと泊まっていた。札幌のホテルが軒並み満室で、流れ流れて夕張泊になったらしい。そんな利用もされている夕張のホテルなのだ。

　で、2回目の朝。バイキングを楽しみにイソイソと出かけたら「今日はセットになります」ってありゃま。前日は中国団体がいたおかげでバイキングだったのか。彼らも時には恩恵をもたらすのである。

　まあこの朝セットも豪華で、サラダのドレッシングがソースピッチャーに入っていたり優雅な感じだった。さすがに前日のバイキングには及ばなかったが、これだけ食べりゃ十分だね。ってか夕張はとてもいい街だ。俺はまた行きたいと思っている。

MENU

油揚げの味噌汁
サラダ
（レタス、紫玉ねぎ、ニンジン、ワカメ）
冷奴、キュウリ漬物
白菜のおひたし
タクアン、タラコ
目玉焼き、ハム
ポテトサラダ、ご飯
ブロッコリー、梅干し
塩ジャケ、昆布巻き
パイン、オレンジ、
キウイ、カツゲン

採食日／**2016年10月26日**　形態／**朝定食**

東横イン函館駅前朝市

【北海道函館市】

採食日／2016年10月4日　形態／バイキング

MENU

ご飯
イカの塩辛
さしみ昆布
キノコおにぎり
タクアン
梅干し
千切りキャベツ
マカロニサラダ
アルミカップ目玉焼き
塩ジャケ
肉じゃが
納豆
海苔とネギの味噌汁

あえて朝市に行かない大人の選択

昔は朝市前に東横インほか巨大ビジネスホテルはなかった。それがあるとき駅前がドワーッと更地になり、そこにホテルがボンボンできた。朝市も狭くなったし、函館もだんだん普通の街になってきたと感じる。

東横インができた当初は、泊まりはしても朝飯は朝市に食べに行った。朝市前に泊まりながら、タダ

採食日／**2017年10月5日**（4点とも）

のオニギリ朝食に並ぶのは大人がやることじゃない！　と思っていた。

でも最近は朝市に行かず、オニギリ行列に並ぶ俺である。朝市も、函館で水揚げしていないカニとか売るし、呼び込みがうるさくて落ち着かない。ホテルで出るイカの塩辛が美味いので、これと白ご飯があればいいやって感じである。

最近は外国人が増えて、朝メシ行列に青い目パツキンの白人も。異国の市場前に泊まりながら、朝メシはここでいいのかと余計な心配をしてしまう。塩辛を食べるのかにゃーと思って見ていたら、バカバカ食べていた。

２０１７年に泊まったときは、中国人が気絶するほど多かった。このとき火水木だけ夜19時〜20時にチキンカレーのサービスがあり、食べよーと思って19時20分にノコノコ行ったら木の葉のこ、中国の皆さんに食べ尽くされて、カレーは消えていた。

彼らは軍団でどこにでも現れ、そこにある食べ物を食べ尽くす。ハンバーガーのラッキーピエロはもちろん、やきとり弁当のハセスト（ハセガワストア）にまで彼らがいて驚いた。

東横イン旭川駅前一条通

【北海道旭川市】

採食日／2016年10月22日　形態／バイキング

レッサーパンダ見物にそなえ腹ごしらえ

かなりデカい東横インなのに、エレベーターは一基だけ。こりゃ朝メシ時に混みそうだにゃーと思ったら案の定宍戸錠、

「6時半〜7時の間は混み合いますので、非常階段の使用も可能です」

と貼り紙が。旭山動物園人気も手伝って、宿泊客も多い様子だ。旭山動物園は、動物の「行動」見物が人気だが、この日の旭川の朝は10月なのに気温1度。こんなに寒くても行動するのかレッサーパンダは。

中国4姉妹、推定合計年齢250歳がロールパンをトースターで焼いていた。ロールパンを焼くの？と思っていたらトースターがチーン！　ロールパンは……真っ黒こげ。4人のひとりが俺を見て「えへへ、やっちゃった」って感じで笑うが、俺は関係ねー。

採食日／2016年10月23日　形態／バイキング

MENU

炊き込みご飯
納豆
イカの三升漬け
トースト
味噌汁
コールスロー
切干大根
肉団子
漬物

なんだけど翌日は、4姉妹に感化されてパンを食べたくなり、トーストを焼いた。でも納豆も食べたくて、さらに炊き込みご飯が加わり、メチャクチャな品揃えになった。バイキングの罠である。ジャムとマーガリンがブニュルルと出てくるアレが、今まで見たことない感じの奴。と思ったら販売はキューピー。キューピーは売るだけで、作っているのはキューピーじゃないのか？

お遍路ファッションの人が、人目を盗んでロールパンを数個、サッとナプキンにくるんで知らん顔して持ち帰った。朝メシ会場で、昼メシを調達したらダメなんだってーの。その煩悩はお遍路により取り払われるのだろーか。あと「テーブルに花の植木鉢が置いてある」と感動していたら、その正体は造花で、感動しているのは俺ひとりなのだった。いやはや。

ホテルニューえさし

【北海道江差町】

採食日／2016年10月4日　形態／和定食

イカ刺し60分1本勝負

朝食は宿泊料金に含まれず、別会計で1080円。んじゃけっこういい朝メシが出るのかにゃーと思ったら、ありゃま。盆はデカいが皿と皿の間に隙間が多い。しかもキュウリのキューちゃんで一皿稼ぐ反則技。サラダも小学校の調理実習のようだし、イカ刺しがなければ暴れ出しそうな1080円である。

MENU

ワカメとネギの味噌汁

サラダ
（レタス、キュウリ、トマト）

山菜なめたけ

塩ジャケ

出し巻き玉子

タラコ

イカ刺し

キュウリ漬物、ご飯

ホットコーヒー又はほうじ茶

コラム①

飲み物をその場で飲む人を考える

朝メシ会場に、その男は突如現れた！　革ジャン＆スキニージーンズ姿、ボッサボサの金髪ロン毛！　寝起きのヘビメタ野郎？　そして男は料理を取り始め、順路の最後で信じられない行動に出た。

コップに牛乳をドボドボ注ぐと、奴はその場でゴクゴクと飲み干した！　唇の周りを白く染め、金髪ボサロン毛とコラボしてボヤーンとした表情。しかし奴は牛乳をもう一杯注ぎ、またもその場でゴクゴク！　あとに並ぶ普通のオジさんが、飲み物を取れず困っている。だがヘビメタはもう一杯、ゴクゴクゴク！

そんなに牛乳が好きか、ええっ!?

……これは極端な例だが、みんな一度はやっていないか？　ドリンクコーナーで飲み物その場飲みを！

確かにそれくらい、ノドが乾いているときはある。だがバイキングで料理を取り、その場で食べる奴はいない。それと同じくらい恥ずかしいので、やめておこうって話である。

オプション別料金で海苔と納豆も付けられると言われたが、さらなる出費を避けるために頼まなかった。そんな時に限って、「イカ刺しに納豆をのせたら美味いかも」とか思ってしまうオイラである。

江差は追分とイカの街だ。イカ刺しが参加したことで、かろうじて江差っぽいが、北海道なのだからもうちょい豪快さが欲しい。シャケも大きくしてほしい。

食事会場は昼はカフェになるようで、卓上に喫茶メニューが置かれていた。アイスコーヒーは夏季限定と書いてあったが、冬に飲みたい人はいないのか。極寒の冬の北海道で、アイスコーヒーを飲む奴なんてアホなのだろうか。

でも通年メニューで「山ぶどうフロート」があるから、世の中は不思議である。ってか山ぶどう。普通のブドウとは違うのか山ぶどう。海で育ったら海ぶどう……ああそりゃ沖縄のアレか。冬の北海道でフロート、注文する人はいるのかにゃー。

ホテルアルファーワン尾道

【広島県尾道市】

採食日／2016年9月26日　形態／バイキング

MENU

冷奴、味噌汁（豆腐、ワカメ）
おでん（赤カマボコ、ちくわ、こんにゃく、卵、さつま揚げ）
ウインナー、生卵
煮物（ニンジン、レンコン、ゴボウ）
ガンモ煮つけ
サバの塩焼き
レタス＆マカロニサラダ
出し巻き卵、温泉卵
スパゲッティ・ペペロンチーノ
納豆、タクアン
昆布の佃煮、カレーライス
オレンジジュース

時をかける少女も食べた？三世代パワフルモーニング

　というわけで大林宣彦が原田知世にラベンダーの香りをかがせたらタイムスリップしてしまった尾道である。ちなみに映画のおかげで人気の尾道だが、来てみりゃ別にどうってことない街である。
　そんな尾道ホテルの朝バイキング、俺がアイツでアイツが俺で、ちょっといろいろ食べすぎたかも

コラム②

朝メシ会場における荷物を考える

朝メシ会場に荷物を持ってくる奴がいる。なぜ持ってくる？　食べ終わった瞬間に出発か？　いったん部屋に戻りゃいい。ビジホ朝メシ会場は狭いからジャマくさいんだよ！

中国人はキャリーバッグを、朝メシ会場にガラガラ引っ張って現れる。そして通路に放置する。どけろ！

バックパックを背負って朝メシ会場に現れた、トンチキ野郎もいた。しかも背負ったまま行列に並び、料理を取り始める。あっちこっち向くたび、バックパックが俺の料理にぶつかりそーだ。なぜ背負ってくる？

完全山登り武装の高齢夫婦は、ピッケルを刺したリュックを背負ったまま、料理を取り出した！「あらやだ、お箸落としちゃった」とウカツにかがむなピッケルが俺に刺さるだろーが！　その後も妻のほうが立ったり座ったりかがんだりするたび、ピッケルをぶんぶん振り回してヒヤヒヤしたのだった。荷物は部屋に置いておけ！　頼むから！

俺。ってか卵が多い。おでんの卵も入れりゃ4種類、ケツに斑点が出てしまいそーだ。そして納豆、タクアン、昆布と白ご飯のオカズを並べておいて、最後にカレーのトラップ。結局、白ご飯をお代わりしてしまった。朝カレーは嬉しいのだが、できれば順路のしょっぱなに置いてほしい。そしてスパとマカロニを両方取ってしまう俺って。これだけ品をそろえておきながら、生野菜はレタスだけ。激太りしそーな尾道モーニングである。

このホテルは1階に居酒屋があり、朝メシ会場もその居酒屋である。品数が多いのは嬉しいが、おでんやガンモ煮つけは居酒屋メニューの残りだろーか。煮物とウインナーとペペロンとカレーが一同に会して「じーさんと中学サッカー部息子が同居する三世代家族の晩飯」みたいな感じがしないでもない。

関係ねーけどそしてホテルの責任じゃないけど、後ろの席のオヤジがメシ食いながら、

「うえーっ、げぼーっ！」

とタンを切っていた。尾道の風情台無し。ってか3部作のあとひとつって何だっけ（さびしんぼう）。

東横イン松山一番町

【愛媛県松山市】

採食日／2016年9月27日　形態／バイキング

MENU

味噌汁
（キャベツ、ワカメ、油揚げ）

コールスロー

ひじき煮、じゃこ天

五目豆、しば漬け

ちらし寿司

生卵、ゆで卵

ふりかけ
（瀬戸風味、海苔カツオ）

ご飯

肉団子
（フェイント）

ウインナー
（フェイント）

坊ちゃんの街でジャコ天モーニング

実は松山市民はヨソから来た「坊ちゃん」が、あんまり好きじゃないそーである。

というわけで朝メシ。7時開始のはずが、6時50分に行ったらもう始まっていた。でも肉オカズがなくて「卵とジャコ天がメインか」って意気消沈。ジャコ天でご当地色を出す気合いは買うけど、やっぱ肉

コラム③

清く正しい「場所取り」

バイキング朝メシの場合、料理を取る間に席を確保しておく「場所取り」が必要だ。やっちゃいけないのが「備え付けの新聞で場所取り」。長いクリップで留めてあるアレは、みんなで読む新聞だから、席取りに使ってはいけない。コレをやるのは100%オヤジだ。

よく見るのが「ハンカチを置く」。だがハンカチは少しの風で飛ぶから、席取りには向いていない。バッグや上着を置く人も見るが、朝メシは軽装手ぶらが望ましいのは、後述のファッション&荷物の項で書いた通り。

無難なのが朝メシ会場によくある、紙カップに注ぐ水。そして「カッコいいな」と思ったのが「読みかけの文庫本を置く人」。知性が漂い、理想の席取りグッズといえるだろう。

スマホを置く人も多いが、紛失盗難を招くのでやめたほうがいい。仕事のプレゼン資料を置き、内容丸見えの人もいたが、コンプライアンスの点でよくない。ってかコンプライアンス。豚に真珠、俺にコンプライアンス。

が食べたいにゃー。仕方なく食べ始めたら7時になって、厨房のお母さんがズラリ並んで言った。

「朝食を始めさせていただきます。本日のオカズはジャコ天、ちらし寿司、肉団子〜」いま何て言った？

慌てて配膳台を見ると、さっきはなかった肉団子がフェイントでドン！　慌てて取りに行ったけど、肉団子大人気で、すぐなくなっちゃって、追加でまた出るかと思ったら代わりにウインナーが出てきた。じゃあウインナーも食べよーかとも思ったけど、もう食後のコーヒーも注いじゃったんで、スゴスゴあきらめた。どーせなら肉団子と一緒に食べたかったが「お肉は一度に一種類よ。いいわね！」という決まりでもあったのか松山。ちなみにフリカケがあるのにちらし寿司もあって、白ご飯とちらし寿司を両方食べてしまった。

後ろの席にデカいアメリカ人が座っていて、朝メシだってのにテンガロンハットかぶってて、スタン・ハンセンみたいだと思った。メシ中は脱いだほうがいいんじゃないかな、テンガロンは。

八幡浜センチュリーホテルイトー【愛媛県八幡浜市】

採食日／2016年9月28日　形態／和定食

MENU

味噌汁
ヒジキ煮物
生卵
シラス
大根おろし
カマボコ
メザシ
タクアン
カリカリ小梅
キュウリ漬物
海苔
ご飯

悶絶・生卵定食！

和食か洋食を選べる朝飯だが、和とか洋とか以前にうームムム。

皿数は多いが、よく見りゃ「箸休め」みたいなオカズが多い。メインディッシュが生卵だと気づいた日には、軽いめまいを覚えた。シラスとおろしを別々に盛って、皿の面積を稼ぐワザはアリなのか。

コラム④

あなたは朝コメ派？　朝パン派？

トーストと納豆を両方取る俺のような奴もいるが、朝メシ採食活動を始めて、あることに気がついた。朝メシ時間の開始早々に来る人ほどご飯を食べ、終了間際に来る人ほどパンを食べるのだ！

例外もあり、あくまでも傾向なのだが、2年間の採食活動を通じてコレは確信した。間違いない。自宅でも早起きの人ほど、朝から白米を炊き優雅な朝メシ。寝坊した女子高生は、トーストをかじりながら「遅刻しちゃう！」と家を走り出た途端、素敵な彼とぶつかって「大丈夫？」と言われ恋の始まり（オチがつかないのでやめる）。理由はわからんけど、早メシの人ほどご飯派が多いのは事実だと思う。なんでかね。

ちなみに朝バイキング会場で、行列の流れを邪魔せずトーストを焼くのは気配りを要する。俺は一度、大切に焼いたトーストを、ほかのオヤジに持っていかれたことがある。

「え、これ自分で焼くの？」

って見てそれくらいわかれ。またオヤジ。

ってか「八幡浜」と言われて「ああアソコね」とわかる人が、日本にどれだけいるだろーか。愛媛県だけど坊ちゃん松山のずーっと西で、大分方面にニョキッと突き出る佐多岬半島の付け根の市である。そして半島は伊方原発がある伊方町で、隣の八幡浜市にも原発マネーが落ちていると聞いた。だからホテル朝飯も豪華なのかにゃーと思ったら、メインディッシュは生卵。何度も唸るが、うーむ。

そーいや前日、ホテル近くの居酒屋で飲んでいたら女将さんが「お泊まりはどこ？」と聞くので「イトーです」と答えたら「アソコは古いからねえ」と言ってニタニタ笑っていた。ニタニタの意味が、なんとなくわかった気がした。

「お仕事は原発？」とも聞かれた。伊方町はホテルが少ないので、原発関係で来た人は、八幡浜にも多く泊まるそうだ。原発仕事は体力が要りそーだから、もっとスタミナ満点の朝飯にしてあげてほしい。

このときは原発が止まっていて「早く動いてくれないと、商売上がったりよ」と女将さんは言っていた。そんなもんだね、地元は。

コラム⑤

朝メシ会場における行列を考える

朝メシ会場には行列ができる。その発生メカニズムには、不思議な法則がある。

朝7時スタートなら、6時50分ごろから人が集まりだす。だが誰もいきなり料理の前に立ち、行列の先頭になろうとはしない。それが恥ずかしい行為だと、わかっているから。

だがたまに「大人のアンバイ」をわかっていないトンチキがいて、禁を破って先頭に立つ。すると先に来ていた人々が、そのあとにワラワラと並びだす。先頭は恥ずかしいが、行列ができるなら、あまり後ろに並ぶのもイヤだ。そんな複雑な心理が作用するのだ。

行列を作る奴は数パターンいて、まず「何も考えていない高齢夫婦」。サラリーマンがタムロする会場に、ふたりは突然エレベーターで降りてきて、たいてい妻が「どこに並べばいいのかしら？」とか言って料理の前に立ってしまう。次の瞬間、ズラーッと行列ができることに、ふたりは気づかない。高齢者だけに「しょうがないか」と腹も立たないけど。

だが「ボヤーッとした感じのサラリーマン」が先頭に立つと、イラッとする。場の空気も読めず、自分が一番に料理を取ることしか考えていない。コイツ職場でもボヤーッとしてるのかなと、つい思ってしまう。

行列ができたらできたで、新たな問題が発生する。まず後ろから異常なプレッシャーをかけてくる奴。時には追い越し行為に及ぶトンデモ野郎も。一方でプレッシャーに気づかずグズグズ取る奴がいると「早くしろよボケ！」とも思う。行列が進み始めたら順番を守りつつ、スムーズな動きを心がけたい。

俺は7時開始なら、6時55分にスタンバイするが、けっして先頭には並ばない。恥ずかしいからだけじゃなく、並びながら料理の全体を俯瞰して、何をどれだけ取るか吟味したいから。7番目くらいに並ぶのが理想だ。

たかが行列、されど行列。先頭に立つのは大人としては避けたい。でも誰かが先頭に立たないと、始まらないんだけどね。

コラム⑥

こんなオヤジになるものか！

行列が動き出すと、そいつはユラ～ッとした動きで、割り込んできた。オヤジだ！

油でベットリ濡れた髪が、薄い頭頂部に汚く張りついている。タプンダプンのメタボ・ボディに、浴衣＆部屋備え付けのペラペラスリッパ姿！「並んでいるんですけど」と言っても、フテくされ顔で無反応。朝からモメたくないので、頭に来たけどそいつの後ろについて進む。早く進め。

割り込んだなら早く進めよ！　デブ特有の緩慢な動きで、そいつはゆっくりと料理を取り、一度取ったものを戻したり（！）している。お前はいったい何なんだ！

汁コーナーに着くと、オタマ片手にホテル婦人が「スープをどうぞ」と言った。するとオヤジ、この一言。

「味噌汁ないの？　用意しとけよ味噌汁！」

なぜ丁寧語で「味噌汁はないのですか」と言えない？　何様のつもりなんだ！？

それでも大量の料理をグチャグチャに皿に盛ると、オヤジはユラ～ッとした動きで席に座り、ピチャピチャと食べ始めた。ピチャピチャ、汁をズーッ。不快な音を響かせ、ピチャピチャと食べ続ける。汚ねえなあ！

ゲプッ！　特大のゲップを響かせ朝メシ終了。皿の上に食べカスがグチャグチャ残り、スープも半分残っている。残飯まみれの食器を持ってオヤジは下膳台に向かい……そのままグシャッとブチまけた！　茶碗、皿、箸、コップ。それぞれ下げ場所が指定されているのに、無視して残飯ごとブチまけ！　飲み残したスープがヒタヒタと、下膳箱に溜まってしまう。お前はいったい何なのか？

朝メシ会場でたまに、こんなオヤジを見かける。世間に不快感をまき散らし、偉そうに生きるオヤジ。周囲の寛容により存在を許されていることに、気づきもせず。

こんなオヤジになるものかと、せめて反面教師として心に刻むのだった。ってか日本を悪くしたの、コイツらだよなあ！

サンライズ観光ホテル

【沖縄県沖縄市】

採食日／2016年11月1日　形態／モーニング

MENU

クロワッサン
ベーコンエッグ
コールスロー
ホットコーヒー

選択の余地なく洋朝食！

俺は仕事で沖縄によく行く。そして基地の街・コザ（沖縄市）にもよく泊まる。常宿はこのあと出てくる「デイゴホテル」なのだが、いっぱいだと「サンライズ」に泊まる。

古いけど、別に悪いホテルじゃない。元々アメリカ人向けのホテルだから部屋

は広いし、1階レストランのステーキも美味い。だが朝食は、もう一息！

550円のモーニングは、選択の余地なく洋朝食1種類だけ。和朝食がないのは米兵の街ならではで、写真で見る限り問題ない感じだが……ここの朝食は何度泊まっても、毎回ほぼ同じなのだ！

パンに目玉焼き（卵1個）、ハムかベーコン（2枚）、レタスかコールスロー。そしてパン用のバターとジャム、コーヒー、セルフで注ぐ茶、以上オシマイ！　卵やハムorベーコンの数が増えることもなく、毎回同じ。フォークとナイフが出てくるけど、どこで使えばいいんだって感じ。

箸が出てこない（！）のもアメリカの街ならではか。でも目玉焼き用にしょう油は出てくる。俺は目玉焼きはしょう油派だからいいけど、アメリカ人もしょう油で食べるのだろうか。ってかここまで洋風でまとめて、なぜしょう油？

コラム⑦

朝メシ会場における服装を考える

オヤジの項でも書いたが、備え付けの浴衣＆ペラペラスリッパで、朝メシ会場に来る奴がいる。なぜその恰好で人前に出るのか。

一方で、朝メシ会場ですでに、スーツをパリッと着ている人もいる。浴衣オヤジの5万倍マシだが、余裕のなさも感じさせる。上着はまだ羽織らずノーネクタイくらいがいい。

またスーツは着ていても、ズボンと革靴の隙間から、素足が覗いている人もいる。これは意外に目立つ。出発寸前まで靴下を履きたくない気持ちはわかるが、見た目が物悲しいし、革靴の中が蒸れて大変なことになっているか思うと朝メシどころじゃない。

一度「ワイシャツすそ出し＋スウェットの下＋ビーサン」という男も見たが、お前は人生捨てたのかと思った。そんな悲劇を防ぐためにも、仕事着とは別に、外出できる程度の軽装を用意しておきたい。大人なら最低限の身だしなみは整えて朝メシ会場へ――ってかうるさいね俺も。

デイゴホテル

【沖縄県 沖縄市】

MENU

アサリの味噌汁
ゴーヤーチャンプルー
目玉焼き
ウインナー
コールスロー
白和え
油みそ
味付け海苔
納豆
魚の蒲焼き
梅干し、ご飯
大根のうっちん漬け
カツオの佃煮

採食日／2016年11月3日　形態／和定食

遺伝子組み換え大豆は使用しておりません
有機納豆
JAS
JONA
有機栽培大豆

MENU

マッシュルームのクリームスープ
フレンチトースト
スクランブルエッグ
ベーコン
ソーセージ
コールスロー
マカロニサラダ
ホットコーヒー

採食日／2016年11月4日　形態／フレンチトースト・モーニング

沖縄に根づいた「アメリカの朝」を味わう

デイゴが空いたので移った。820円の朝メシは、いろいろ選べるが、俺は初日は必ず一番人気の和朝食をチョイスする。

デイゴの朝メシはボリュームたっぷり。手作りの温もりがあり、食べると「今日も頑張ろー！」という気分になる。特に和朝食は皿数もワンサカあって、力が湧く。和朝食でもどことなく洋食っぽいのは、ここが基地の街だから？　それもまたコザらしくていい。

2泊以上するとき、2回目の朝は必ずフレンチトースト。ここのフレンチトーストは量もたっぷりで、長年アメリカ人に向けに提供してきた「本場感」が気に入っている。街のホテルにこんな朝メシがあるのもまた、いかにも基地の街らしい。

トーストとセットの卵料理は目玉焼き、オムレツ、スクランブルエッグから選べる。そしてサラダ用のドレッシングが2種類とケチャップ、トースト用のケーキシロップとバターが（最近はハチミツが加わ

採食日／ 2016年11月7日　形態／ミックスセット

MENU

ミネストローネ
ハム、ベーコン
ソーセージ
オムレツ
（ケチャ絵は自分で描いた）
コールスロー
マカロニサラダ
トースト２種類
ママレード＆バター

ることも）目の前にドンドーンと置かれ、食べる前から満ち足りた気分。フリードリンクコーナーで注いだアイスティー（スライスレモン付き）を飲みつつ、BGMのピアノの音色に耳を傾けながら、シロップをたっぷりかけたトーストをパクリ。美味しい、だけじゃない豊かな味、豊かな時間。モノマネじゃないアメリカンモーニングが、そこにある。

冬はスポーツ合宿の団体や、プロ野球のキャンプ関係の人で、満室のことが多い。でも空き室が出て泊まれると、朝のバイキングにありつけることがある。デイゴのバイキングでは俺は必ず、フレンチトーストと納豆を一緒に食べる「暴挙」を楽しんでいる。

とにかくここの朝メシを食べると「沖縄に来たなあ」と実感がシミジミ湧く。基地バブルはとっくに弾け、沖縄市自体は最盛期の活気はないけど、デイゴは朝メシも居心地の良さも変わらない。このホテルがある限り、俺はコザに通い続けるだろう。

スーパーホテル那覇新都心

【沖縄県那覇市】

採食日／2016年11月5日　形態／バイキング

MENU

ワカメの味噌汁
サラダ＆トマトドレッシング
※ほかに「ゆずドレッシング」もあった
パパイヤ炒め
スクランブルエッグ
サバの塩焼き
鶏の唐揚げ
ホウレン草のベーコン炒め
納豆、海苔
タクアン、野沢菜
水、炭酸水
オレンジ、パイン、
グレープフルーツ、

コードナンバー880821

那覇の再開発タウン「那覇新都心」別名「おもろまち」は、開発しすぎて沖縄に来た感じがしない。巨大チェーン店とブランドショップばかりがドワーッと並び、整った街だが性に合わない。人間味のない近未来タウンを歩くと、俺は『ブレードランナー』や『未来世紀ブラジル』を思い出してしまう。

採食日／ **2016年11月6日** 形態／**バイキング**

スーパーホテルは便利だが、人間臭さを感じさせないホテルである。フロントにお姉さんがいるのに、チェックインは脇に置かれた「自動チェックイン機」でやれというし。番号をピッピと押し料金を入れるとデローンとレシートが出てきて、部屋番号と「本日の暗証番号」がプリントされている。この日の俺の部屋は813号、暗証番号880821。このホテルを出るまで吉田じゃなくて、813―880821。この番号をなくしたら、俺どーなっちゃうんだろーみたいな。

そんなわけで朝メシも、内容に不満はないが、ロボット感が漂っていた。6等分に仕切られた真っ白な皿。サラダのドレッシングはトマトやユズを使い自然派だが、俺は業務用サウザンドアイランドをデロデロかけたい気分だった。手抜きにも人間味を感じる的に。

東横インのオニギリの「しょーもない人間味」が不思議と懐かしい。黙々と食べながら『ウルトラセブン』の「第四惑星の悪夢」で、ロボット長官が機械油を注入するシーンを、ふと思い出した。ぬるい！砂糖も多い！　あ、わかんねーか。

ホテルルートイン名護

【沖縄県名護市】

採食日／2016年11月8日　形態／バイキング

屋上露天とセットで爆食い！

日本の3大「お手頃ビジネスホテルチェーン」といえば東横イン、スーパーホテル、そしてルートインである。この3大チェーンの中でルートインは、大浴場を備えたり努力の跡がいろいろ見られてよい。朝メシも品数が多いので、沖縄北部を周るときの拠点は、空いていればルートインにしている。で

MENU

コーンスープ
※スープはほかにクラムチャウダー、ミネストローネ

味噌汁（キャベツ、舞茸、ワカメ）

チキンサラダ、大根シリシリー

サバの塩焼き、グルクン焼き

コロッケ、オニオンリング

出し巻き玉子、ベーコン

ポテトもち、パパイヤチャンプルー

ゆで卵、納豆

海苔（ルートイン特製！）

ナタデココ入りフルーツヨーグルト

※ほか梅干し、オクラのゴマ和え、漬物もあったが、この日はご飯を我慢したので取らず

MENU

味噌汁、大根イリチー、厚焼き玉子
魚フライ、グルクン、ブリの照り焼き
カレー（野菜ごろごろ）、ベーコン
ゆで卵、納豆、サラダ
ナタデココ入りフルーツヨーグルト

※部活の少年少女が大量宿泊、カレーが何度補充してもすぐなくなる大人気だった

MENU

ウインナー、豆腐のフワフワ揚げ
とろとろスクランブルエッグ
ハッシュポテト、アジの塩焼き
ポテトもち、ひじき煮、グルクン
ふーチャンプルー、出し巻き玉子
梅干し、キュウリの漬物、海苔
昆布のシソ佃煮、ご飯、納豆
サラダ、オレンジ、さんぴん茶
シークワーサージュース

もけっこう空いていないことが多くて、それは人気があるってことなのだろう。

朝メシは優等生な感じで、面白味こそないけれど、なかなか頑張っている。グルクンやパパイヤで沖縄らしさを演出し、そして海苔はルートインのオリジナル。長野市で作られて、はるばる海をわたって名護まで来たかと思うと泣けてくる。

ちなみにここの大浴場は最上階、というか屋上にある。雨が降ると鉄骨にシート渡して即席屋根をかぶせるけど、洗い場には外気が流れこむ。沖縄も冬はけっこう寒いので「朝メシ前にひとっ風呂」ってな感じでノコノコ出かけると、全裸に北風を浴びてチン●が縮み上がるので気をつけたい。

10年前くらいに泊まったとき、なんだか女優の「K」が泊まろうとしていた。ちなみにKは某週刊誌の「美人ぶってるけど、よく見りゃブス」ランキングで1位を獲ったことがある（すげーランキングだ）女だ。最初は「おおっ、Kじゃん！」とか思ったけど、マネージャーの虫みたいな男が、

採食日／2017年12月28日
（パンを選ぶ）**MENU**

コーンスープ、ウインナー
スクランブルエッグ、ヒジキ煮
魚フライ、納豆、サラダ、梅干し
塩味パン、レーズンデニッシュ
ヨーグルト、ホットコーヒー

採食日／2017年12月27日
MENU

味噌汁、焼き鮭、サバの味噌煮
タコライス、ゆで卵、ベーコン
シューストポテト、納豆、サラダ
グレープフルーツ
※タコライス初登場！

採食日／2018年6月13日
MENU

タコライス、水菜豆腐サラダ、ゆで卵
ベーコンの味噌汁、大根イリチー
焼き鮭、オニオンリング、ベーコン
グルクン、出し巻き玉子、海苔、納豆
サンマフライ、ポテトもち、ご飯
さんぴん茶、シークワーサージュース
※味噌汁にベーコン!?

「大浴場をKひとりに使わせろ」

とかゴネていて、ホテルの人が「いえあのそれは……」と困っているのに食い下がっていた。困らせるんじゃねーよ。その横でKは腕組みして「なーんで私ほどの女優が、ここに泊まんなきゃいけないわけ？　ほかにないの？」感をプンプン漂わせていた。ブセナテラスにでも泊まりたかったのが空いていなくて、流れ流れてここまで来たのだろうか。芸能界ってなんだかねもう。ビエラ（あっ）。

コラム⑧

朝メシ会場における外国人を考える

インバウンドだか何だか知らねーが、外国人が多すぎる。特に中国韓国。ビジホ朝メシ会場にも、彼らは必ずいる！

わめいてうるさいのは序の口。彼らはバイキングの料理を持って帰ろうとする！　パンやゆで卵をポケットにしのばせ、何食わぬ顔で外へ。ミネラルウォーターコーナーでは、２リットルのペットボトルに、堂々と水を汲む。「汲まないで」と中国語で書いてあってもお構いなし！　パンにオカズを挟んでラップでくるみ、堂々と「弁当」を作る奴も見た。

そして彼らは朝メシ会場を大勢で占拠し、宴会を催す！　満席で座れない人がいても、騒ぎ続けて動こうとしない！

さらに彼らはパンを焼けば真っ黒に焦がして、汁を盛ればブチこぼす。そうして会場をさんざん汚して、立ち去るのである。

だが彼らの大半は、悪気はない。俺は安ホテルの朝メシ会場でも「権利」を振り回す、欧米人のほうが嫌いだ。

「なぜベジタリアンミールがないんだ？　おかしいだろう！」と騒ぎ出したアメリカ男、その辺の草でも食ってろ。エスプレッソがないと騒ぐ男、泥水でも飲んでろ。旅先の言葉も勉強せず、英語でテメーの権利ばっか叫ぶアメリカ人が、俺は大嫌いだ。

そしてアジアも欧米も、食後に食器を片付けない人が多い。周りの日本人が片付けているのに、状況を見て判断できないのか。逆に下膳しなくてもいい朝メシ会場で「どこに下げるのかな」と食器を持ちウロウロする日本人が、俺はいとおしい。最近は「気配りしないのがグローバル」と言わんばかりに、傍若無人な日本人も増えたが、気配りは日本の伝統的財産。今後も引き継ぎ守っていきたい。

ちなみに今までいちばん「うるさい」と思ったのは、中国人ではなく大阪の中年グループだった。外国人じゃねーか。ってか「やっぱりえーなー、沖縄はあ！」とか「ほなこれからどこ行こか！」とか、わざわざ大声で言わないと気が済まないか？

ホテル東宝

【新潟県佐渡市】

MENU

ご飯
海苔の味噌汁
イカ刺し
生卵
いごねり
魚の味醂漬け
柿と大根のサラダ
海苔
自家製漬物
（キュウリ、白菜）

採食日／2016年11月19日　形態／朝定食

感動圧巻の白ご飯！

佐渡の玄関、両津のホテル。年季が入りまくった外観に最初はひるんだ。小さなフロントで迎えてくれたのは、オジイちゃん＆オバアちゃん。部屋の鍵を受取ると「あとで係の者が参りますから」と言われたが、係の者？

部屋に入った瞬間「トントン」とノックの音。フロントとは別の「係の」オバアちゃんが来て「朝食は何時にいたしますか？」とだけ聞き、去った。？？？　そして部屋のトイレに入ってガーン、まさかの和式！

凄い宿に来てしまった、と最初は思った。そして翌朝、朝メシ会場に行くと「おはよーございます」と「係の」オバアちゃんが料理を並べてくれる。味噌汁にイカ刺し、生卵に焼き魚も。まあ普通かなと思いつつ、ご飯のおひつを開ける――ふっくらツヤツヤの銀シャリ。茶碗に盛って早速、一口パクリ。

！！！　美味しい。とっても美味しい！

オバアちゃんに「ご飯美味しいです！」と興奮して伝えると「今は新米の時期ですからねえ」とのこ

MENU

ご飯、味噌汁（ジャガイモ、山菜）
イカ刺し、塩ジャケ、目玉焼き
サラダ（ゴボウ、トマト）、**奈良漬け**
野沢菜、おひたし（大根、油揚げ）
海苔、柿

採食日／**2016年11月21日**

採食日／**2016年11月20日**

MENU

ご飯、味噌汁、ハム、漬物
目玉焼き、魚の味醂干し
きんぴらごぼう、納豆、柿

※1年後に再訪！
採食日／**2017年10月16日**

MENU

ご飯、海苔の味噌汁、生卵
いごねり、イカ刺し、焼き魚、海苔
自家製漬物、おひたし

採食日／**2017年10月17日**

MENU

ご飯、味噌汁
塩ジャケ
目玉焼き
イカ刺し、海苔
ほうれん草のおひたし
自家製漬物
ワサビ漬け

と。何気なく並ぶオカズもイカ刺しをはじめ、島産の柿のサラダに島の名物「いごねり」など郷土色満載。漬物はうれしい自家製で、柚子風味で白ご飯と合う。

美味しい！　生卵をかけるのがもったいないほど、ご飯が美味しい！　全部美味しい！

「島はこんなものしかなくて」というオバアちゃんは、この朝飯の素晴らしさに気づいていない様子だった。また佐渡に行ったら、ここに泊まろう。ブラボー！

東横イン岡山駅東口

【岡山県岡山市】

採食日／2016年11月29日　形態／バイキング

MENU

おにぎり
ゆで卵
キュウリの漬物
シソ風味の漬物
カリカリ小梅
コールスロー、煮豆
枝豆入りスパサラ
レンコンのキンピラ
野菜の煮物

お豆を食べてマメな1日を

うーむ。むむむむむ。

品数はけっして少なくないが、精進料理のようなストイックぶりに、しばし固まった。ゆで卵とスパサラのマヨ以外に動物性たんぱく質がないし、なんというか献立に「若さ」がない。胃の手術を受けた直後の病院食のようだ。

「吉田さーん、じゃあ今日からね、おかゆから普通のご飯に変えてみましょっか。オカズもお腹に優しいものから、少しずつ食べてみましょうねー」

みたいな。ってかこのあと「高松兵庫町」「広島大橋南」「広島平和大通」「徳山新幹線口（山口県）」と東横インをハシゴ宿泊したんだけど、全体的にこんな感じ。といいつつ広島と高松はカレーも出たけど。瀬戸内海沿岸の朝は、肉や魚をそんなに食べないのか。徳山は前は夜にカレーサービスがあったけど、なくなっていたし。残念。

そっけない盛合わせの中で、色とりどりの煮豆が、鈍い存在感を放っていた。それは瀬戸内海を挟んで対岸の高松でも出てきた。実は高松〜岡山エリアは、知る人ぞ知る煮豆文化圏。今じゃよく見る、煮豆を入れたパン「豆パン」も高松発祥説があり「パンに煮豆？」と他県が驚くなか大ヒットしたんだとか。

ここは3泊して、間で肉団子が出る日もあったけど、だいたいこんな感じでツッコミようがなかった。うーむ（こればっか）。

東横イン広島平和大通

東横イン高松兵庫町

東横イン徳山新幹線口

東横イン那覇国際通り美栄橋駅【沖縄県那覇市】

採食日／2016年12月6日　形態／バイキング

MENU

ご飯
漬物
ゆで卵
ソーセージ
謎の煮物
コールスロー
ゆし豆腐
あまがし
※卓上にミニツリー！

V・S・O・P（ブランデーではない）

最多宿泊記録更新中の美栄橋東横インである。モノレール駅が近いし、国際通りや公設市場も歩いて行けるので、いつもここ。

だが朝メシの写真を並べて（P50参照）愕然とした。同じなのだ！　細かく差異はあるが、見た感じが全部ほぼ同じ。ご飯に漬物、ゆで卵に加工肉、千切りキャベツともう1、2品。そして味噌汁か、ゆし豆腐汁（固める前のフルフルの豆腐）。

それでも朝食会場も厨房も狭い中で、ゆし豆腐汁やポーク（ランチョンミート）を出し、沖縄色を出そうというケナゲな努力が感じられる。あと白ご飯

採食日／**2018年6月10日**　形態／**バイキング**

と一緒に沖縄風雑炊「ボロボロジューシー」が並ぶことも。配膳の婦人がいつも「ボロボロジューシーどうですかー」と声を張り上げているが、本土客にはやや不人気。不憫になり一度食べてみたが、大量ヨモギを投入してしまい難儀した。不思議な味の雑炊である。

12月に泊まったときは、テーブルに小さなツリー風花瓶が。デザートに沖縄の甘味「あまがし」（麦とお豆のぜんざい）が出たり、細かな工夫がいろいろ。でも並べると、よく似ている。仕方ないかな、と思っていたら。

ある日突然、カレーが出てきて驚いた！　やればできるじゃないか美栄橋！

汁物がゆし豆腐汁のとき「こんなんじゃなくて味噌汁出せよ！」と食ってかかっているオヤジもいた。そんな妨害工作にも負けず、ここは静かな努力を重ねている。今後も宿泊して見守りたい。

MENU

カレー！
ご飯
ポテトサラダ
ポーク
ゆで卵
コールスロー
もずくの味噌汁

2016年12月8日

2016年12月7日

2017年7月4日

2017年6月1日

2017年10月25日

2017年10月24日

2017年11月23日

2017年10月26日

2017年12月6日

2017年12月5日

2017年12月20日

2017年12月7日

休暇村大久野島

【広島県竹原市】

採食日／2017年3月11日　形態／バイキング

MENU

ご飯、巻き麩の味噌汁
ウインナー
フライドポテト
コーンと海藻、ミニトマトのサラダ
漬物、生卵
ほぐしタラコ
スクランブルエッグ
ミニコロッケ
ポテトサラダ
味付け海苔、納豆
シュウマイ、肉団子
塩ジャケ
オレンジジュース

毒ガス島で朝食を！

泊まったのは休暇村でビジネスホテルじゃないのだが、お安く泊まれたので入れてしまう。というか広島県大久野島。最近は「ウサギの島」ってことでウサギ目当ての観光客が多いが、ここは戦前&戦時中にコッソリ毒ガスを作っていた毒ガス島である！

第一次大戦でドイツが毒ガスを使い「それは人としてマズいんじゃねーの?」ってことで国際的に使用禁止になったが、日本はこっそりシコシコ作っていた。そして作っていた場所がココ、大久野島。毒

ガス作りがバレちゃいけねーってことで、この島はいっとき地図から消えて「ないことになった」そーで、なかなかトンでもない話である。

　そんなトンでも島に休暇村？　と思うだろうが、ヤバいことやらかしちまった場所は、その跡地に家建てて住む人なんかいないわけで、公園かレジャー施設にするしかないのである。今やバーベキュー島になった横須賀の猿島だって、戦前は要塞作って出入り禁止だったしね。

　大久野島は何だか勝手にウサギが増えてしまい、これ幸いとばかりにまんまと「ウサギの島」になった。今じゃウサギの耳型帽子をかぶった能天気観光客が、遥か韓国からも来て大盛況。ウサギにエサやってキャーキャー騒いで「ウサちゃーん、こっち向いてー！」とか言って。ってかフランスじゃウサギは食材だけどね。まあそんな感じで、島で行われた日本の悪事も、まんまと印象薄くなっているわけ。なんだかね。誰かがウサギを放したんじゃねーの？　とか言ってみたりして。

　朝メシは、ごくごく無難に普通だった。一応近海で獲れるタコが名物で、前夜のメシには出たけどね。

　まあこうして無難な朝メシをガッツリいただけるのは、平和な証拠ってことでいいんじゃないのかなと思うことにしたけどさ。ウサギ観光客も喜んでいるし。ウサギの島。なーんだかね。腑に落ちねーなーなんだか。

コンネホテル

【長崎県 五島市】

採食日／2017年4月16日　形態／選べる朝定食

島ホテルの朝は、意外にオシャレ？

長崎県の福江島である。教会がたくさん立っていて、大きな島だけど離島である。
港に近いホテルを、ネットで適当に探して予約したんだけどさ、行ってみたらなんだかオシャレで

MENU

※「和定食」「洋定食」「カレー」から「カレー」をチョイス

カレーライス
スクランブルエッグ
コンソメスープ
ミニサラダ
福神漬け
ヨーグルト with ストロベリーソース

コラム⑨

スマホ若者に物申す？

オヤジに比べりゃマシだが、スマホをいじりながら食べる若者が気になる。利き手で箸やフォークを持ち、空いている手で食卓に置いたスマホをレロレロ。両手がふさがるから茶碗も味噌汁も卓上に置いたままで、必然的に「犬食い」になる。そして料理を味わう感じでもなく、ひたすら無表情。それでいいのか？　と突っ込みたくなる。

イヤホンで完全武装し、他人との関わりをシャットアウトする子も多い。当然「いただきます」「ごちそう様」もナシ。あるホテルでは若い男2×女1が、ドリンクコーナーでジュースだけコップに注いで料理は取らずテーブルにつき、1枚のクランキーチョコを3人でダルそーに食べていた。そしてそれぞれスマホ。貴重な青春時代、それでいいのか？

俺たちも子どもの頃は、メシ中にテレビに没頭して怒られた。それと一緒なのかなー。そんな社会にしちまった、俺たちオヤジが悪いのかにゃー。

ビックリした。島にありがちな古い、外壁のすすけたホテルかと思ったらそんなことはなくて、新しくて外壁はシュッと光沢があって。今どきは島のホテルもこんな感じじゃないと、旅人も泊まらないのかな。特に福江の観光名物は教会だから、女性の観光客が多そうだし。民宿とかには泊まらんだろうしね今どきの若い人は。

というわけで朝メシは、選べるいくつかのメニューからカレーをチョイスした。別料金で600円だったけど、それで卵とデザート付きカレーを食べられるなら、いいんじゃねーのってことで。そして食器も何だかオシャレ、福神漬けは別添えのココット容器に入っているし、代官山でカフェ飯を食べている気分がしないでもない。ってか食べたことないけどねカフェ飯も、代官山のメシも。

……というわけで一生懸命文字数を稼いで書いてみたが、あんまり書くことがない。オシャレで部屋もキレイで接客も問題なかったけど、記憶に引っ掛かる部分があまりなかったのかも。これからはこんなホテルが、島にも増えていくのかな。オシャレでキレイだった、以上。みたいな。

東横イン佐世保駅前

【長崎県佐世保市】

MENU

根菜入りカレー
皿うどん
味噌汁、サラダ
スクランブルエッグ
ちらし寿司
ヒジキ煮

採食日／2017年4月17日
形態／バイキング

採食日／2017年4月18日

MENU

タケノコご飯、皿うどん
ちらし寿司、カリカリ小梅
スクランブルエッグ
ウインナー、サラダ
きんぴらごぼう
味噌汁、漬物

カレーとちらし、皿うどんで大健闘！

東横インの朝飯＝貧相、そんな昔のイメージをくつがえす、佐世保の東横インである。

「朝食を始めさせていただきます。私たちが心をこめて作りました」

厨房の女性3人が並びあいさつ。その言葉に嘘はなく、ここの朝メシは美味い。グルメサイトで「佐世保の美味い店」上位にランクされるほど、評価が高い。

採食日／2017年4月20日

MENU

長〜いパン、ロールパン
マーガリン＆ジャム
（ブルーベリー＆リンゴ）
ウインナー、スクランブルエッグ
カニサラダ、味噌汁、ホットコーヒー
※タケノコご飯、ちらし寿司、皿うどんもあり。続いたのでパンにしてみた

MENU

豚の角煮入りちらし寿司
お豆ご飯、皿うどん、サラダ
スクランブルエッグ
小松菜と厚揚げの和え物
ウインナー、味噌汁
カリカリ小梅、漬物

採食日／ 2018年4月20日

主食が数種類あり、どれも充実。採食初日はカレーライスとちらし寿司、皿うどんから好きなものをチョイス、するのが普通の人間だが俺は全部盛ってしまった。カレーは巨大レンコンがドドーンと入り、具沢山で食べ応えあり。でも具が根菜だからヘルシー。野菜たっぷりの皿うどんは、長崎県民を真似てソースをかけて。ちらし寿司も「すし太郎」みたいに味がキツくなくて、ホドよい酢加減。

そんな朝メシの噂を聞いてか、ここはいつ行っても客が多く、朝メシも長蛇の列。連泊途中でタケノコご飯が出てきたり（4月に泊まった）季節感を味わえたのもよかった。

エレベーター内には翌日のメニューが貼られ、食欲を刺激する。ご飯と麺は曜日で内容が変わり、パンも曜日で変わる。場所柄パイロット?の制服オジさんもいて、黙々とちらし寿司を食べていたのが微笑ましかった。

ピンクの縁取りの皿も、華があってよい。テーブルの上にいたヒヨコもいい（P58右上参照）。もはや東横インを「おにぎりホテル」なんて呼んでは、いけないのかもね。

ビジネスホテル平戸

【長崎県 平戸市】

採食日／2017年4月19日　形態／バイキング

MENU

おにぎり6種！
（のりたま、海苔まぶしをチョイス）

春雨サラダ

味噌汁
（乾燥具＋汁）

スパサラ

塩ジャケ

コールスロー

味付け海苔

漬物、カリカリ小梅

ホットコーヒー

炭水化物モーニングにアーメン

フランシスコ・ザビエルが布教に来た平戸である。南蛮人っつーかポルトガル人が家庭教師のトライ、じゃなくて渡来したおかげで中心街は異国情緒あふれて……と思ったら役場の街づくり政策で整えた街並みと聞いて、ちょっとガックリ。全く役場って奴は。

そこに加えてこの、コメントしようのない朝メシ

コラム⑩

1種類だけ大量に盛る人

バイキング朝メシは、主食とオカズがバランスよく、いろいろそろっている。それをまんべんなく適量ずつ取るのが普通だと思っていた。だが。

あるとき千切りキャベツだけを、大量にドワーッと盛る人を見た。もうドワーッと！　そこにドレッシングをワーッとかけ、モシャモシャ食べていたので、けっこう驚いた。

朝メシ採食活動中、頻繁にこの「1種類だけ大量に盛る」人を見た。おにぎり12個だけを、皿いっぱいに並べる人。ロールパンだけをピラミッドのように積み上げる人。他人の朝メシに口を出す筋合いはないのだが、いろんな点でバランスは大丈夫なのか？

と驚いた話をトークショーでしたら、ファンの人が「私もサラダだけ取りますよ」とさりげなく言っていた。もしかして俺のほうが「食事はバランスよく取りましょー」病にかかっている？　まあサラダならいいけど。山積みロールパンってどーなのか。うーむ！

である。オニギリはいろいろ種類があるけど、オカズは生野菜とスパサラだけ？　と驚いていたら塩ジャケがあったのでホッとしたが、なんともトータルコーディネートができていない朝メシである。コーディネートはこーでねーと。味付け海苔があるのなら、フリカケをたっぷりまぶしたオニギリよりも、白ご飯が欲しいなって感じで。

隣に座った工事人らしいオジさんが「動物性たんぱく質がないねー」と言って苦笑いしていた。確かにこのあと肉体労働するなら、ウインナーの2、3本でも食べておきたいところだろう。一方でこの街の観光客は、教会を見にきたのであろうシャナリシャナリしたご婦人が多かった。シャナリシャナリ。なんか市街もそんな感じで妙に小ギレイで、不思議な場所である。

ふと壁を見ると、教会＆マリア様が写った巨大ポスターが貼られ「祈り」の2文字が。朝メシも含め、俺の性には合わない島だと思った。このときは。

しかし朝メシに関しては1年後、別の宿でイメージが変わるのである。続きは後ほど♪

東横イン米子駅前

【鳥取県米子市】

オイ鬼太郎、朝メシは焼きソバか!?

水木しげるさんが少年期を過ごした境港に近いってんで、米子の駅前通りには妖怪ブロンズ像がこれでもかと並んでいる。でも濡れ女とか、夜に見ると怖い。海に人を引きずり込む時点で、妖怪じゃなく悪霊だ。そんな鬼太郎の街にも、東横インがある。

MENU

ソース焼きそば！
タケノコご飯
（ほかにおにぎりもあった）
野菜サラダ、春雨サラダ、ヒジキ
切り干し大根、梅干し、味噌汁
キムチ、漬物、オレンジジュース

MENU

豆腐サラダ
スパゲッティサラダ
ソース焼きそば
野菜の煮物、炊き込みご飯
味噌汁、漬物、梅干し
食パン、ジャム２種類

MENU

混ぜご飯
麩の味噌汁（恐怖の味噌汁）
豆腐とミックスベジ入り野菜サラダ
ソース焼きそば、野菜の煮物
肉団子、オレンジジュース
グレープフルーツジュース

朝メシは6時半から。でも缶コーヒーを買おーと6時に降りるとパンが並んでいて「パンとコーヒーは、6時からお召し上がりいただけます」と厨房婦人に言われたが、オカズを一緒に食べたいので6時半まで待つ。

やがて漂いだす……ソースの香り？　何を作っているのか。そしてフェイントで6時27分、厨房婦人が「おはようございます！」とあいさつして朝食は始まった。オカズはなんだろうにゃー。

……春らしくタケノコご飯はいいとして、メインディッシュがソース焼きそば？　ほかはサラダに漬物、梅干しに切干大根。焼きそばをオカズにご飯って食べるかにゃー。

とりあえず料理を取る。すると、俺の後ろからニューッと手が伸びてきて、俺より先に料理を取ろうとする！　思わず振り返ると、案の定オヤジだ。順番を守れこの野郎！

と思ったけど言わなかった。だって大人だから。そして食べ終わりコーヒーを注ぐタイミングで、最初はなかったヒジキが並んだので思わず取ったが、コーヒーとは合わなかった。じゃあ取るなっつーの。

旅館松浜

【島根県 隠岐の島町】

採食日／2017年4月27日　形態／朝定食

ハート目玉は愛のメッセージ？

旅館なのだがビジネス向けの雰囲気なので入れてしまった。隠岐諸島の有人4島ではいちばんデカい島後の中心街、西郷にある宿である。ってかデカい島だからホテルもあるけど、泊まろうとした日は

MENU

ご飯、味噌汁、ハタハタの干物
イカ刺し、ほうれん草のおひたし
昆布の佃煮、白菜の漬物、味付け海苔
目玉焼き（ハート形）

MENU

ご飯、味噌汁、タケノコの煮物、漬物
カレイの干物、ほうれん草のゴマ和え
ゆで卵、プチトマト、ウインナー

採食日／2017年4月28日

いっぱいで取れなかった。最近は美しい自然景観が「ジオパーク」に指定され、観光客も増えている様子である。入り組む海岸線に奇岩がそそりたち、そこに朝日が昇ったり夕日が沈んだりする風景は、確かにタダ事じゃなく美しい。

一方で島の雰囲気は物静かというか、南の島みたいにはっちゃけた感じは薄い。後鳥羽上皇が流された島だし、島の皆さんもなんだかお上品。飲食店の料理もかなり美味くて、お値段も少々高め、みたいな感じで。

そんな「ハメを外さない」島なので、朝メシもごくごく普通。まあバランスいいし、量もちょうどよくて不満はゼロ。欲をいえば、ちょっと優等生すぎるかにゃー。

そんな中で初日の目玉焼きが、なぜか突然ハート形だった。ほかは全部普通だったのに、そこだけなぜ？　まさか厨房の婦人が俺に……惚れた？

（何ごともなかったかのように次に進む）ってか写真からもおわかりの通り、俺が泊まった部屋は「200号室」だった。その部屋番号ってアリなのかな「200号室」。

ホテル&レンタカー660

【和歌山県 那智勝浦町】

採食日／2017年5月14日
形態／バイキング

MENU

野菜サラダ
マカロニサラダ
ワカメの味噌汁
きんぴらごぼう
野菜の煮物
シシャモ
出し巻き玉子
ウインナー
白身魚のフライ
春雨の酢の物
カレー
ご飯
福神漬け
生卵
ゆで卵
梅干し
漬物
味付け海苔
オレンジジュース
アイスレモンティー

シーシェパードも驚く豪華モーニング

和歌山県そして紀伊半島のほぼ南端、那智勝浦町のホテルである。その隣には捕鯨&イルカも捕る太地町がある。俺は太地町の取材のため、勝浦に泊まった。

そして皆さんもご存知の通り、太地町はいろいろ大変な目に遭っている。大昔から捕鯨で生きてきたクジラの街を、シーシェパードほか外国の奴らが、「クジラをとイルカ捕って、しかも食べるなんて野蛮だわオーマイガッ！」

とか言って邪魔しに来て『THE　COVE』とかいうクソドキュメンタリー映画を撮ったらアカデミー賞取っちゃってさ。

「こんな残酷な漁をしてイルカが可哀想！」「アナタたちはイルカの気持ちがわからないんですか！」と奴らは叫んでいたが、んじゃテメーらは何食って生きてんだって話。野菜だって生き物だし、表現方法がないだけで感情あるかもだからね。生き物はほかの生き物を食べないと、生きていけねーんだよ！羊の脳みそとかウサギのローストト食ってる奴らに言

われたかないってーの。
映画の中で町の人たちは「極悪非道の地獄の使者」みたいに描かれていたが、お会いしてみれば陽気で声がデカくて親切で、クジラもイルカも美味いし良い町である。そして太地町の宿は国民宿舎くらいしかないので、隣の勝浦でホテルに泊まり朝メシを食べた。
ホテル名からして「レンタカー屋がついでにホテルもやっている？」感じだから、朝メシも全く期待していなかった。そしたら豪華版なんでビックリ！肉に魚に揚げ物にカレー、食べたいものが全部そろっている。カレーを筆頭にどれも美味かったし、いやいやなかなか素晴らしい。ちなみに和歌山南部はアクセスが悪く、名古屋から特急で4時間かかる。揺られ揺られて揺れて湘南薬丸秀美、来た甲斐がある朝メシだった。
ってか地元のクジラ料理屋でメシを食ったら「シーシェパード辞めた人も来て、クジラ食べるよ。美味しいってさ」だって。奴らはしょせんその程度だ。日本の美味い朝メシでも食べて、目を覚ませ。

ビジネスホテル ウェーブ高浜

【福井県 高浜町】

駅前に「パチンコ・アトム」もありますだ

福井県の高浜町といえば、原発がある街である。そして駅に近いホテルは、ここ1軒だけ。泊まり客はたぶん、原発関係で出張や工事に来た人が多い。夜も駅前で飲んだら「原発ですか？」と普通に聞かれたし。

そんな街の駅前ホテルで、宿泊料金とは別に550円払っての朝メシである。シャケに卵、海苔に納豆、味噌汁に漬け物。必要なものは全てそろっているし、550円という値段を考えれば、全く何の不満もない。ただ朝メシコレクターとしては（いつからなったんだか）余りにも想定の範囲内で、面白みに欠ける。そもそも朝メシに「面白さ」を求めるほうがおかしいのだが。

とにかく原発に関わる仕事は、現場の工事から事務に至るまで緊張もするだろうから、もう一品ウインナーでも添えて激励してあげてほしい。シャケの脇の空きスペースに、何かもう一品。

白ご飯は多かった。卵をぶっかけても、白いところが余裕で余るくらい。余ったところをシャケと交互に食べても、まだ余った。だからオカズをぜひ、もう一品。

採食日／2017年5月15日
形態／朝定食

MENU

ご飯
ワカメの味噌汁
生卵
塩ジャケ
味付け海苔
納豆
漬物

コラム⑪ 麺をオカズに米を食べるか？

今回の採食で驚いたのが、朝飯にソース焼きそばが出るホテルが多いことだ。素朴な質問。麺をオカズにご飯、食べますか？

「えー？　食べるよー」

関西以西の知人に聞くと、もれなく「食べる」との回答が。お好み焼きやタコ焼きをオカズにご飯を食べる土地柄だから「オカズに焼きそば」も違和感ないのだろーか。でも仙台や北海道でも「オカズに焼きそば」は出てきた。食べないのはもしかして東京だけ？

ってか朝メシじゃないけど佐渡で「スパゲッティon白米」小豆島で「ソーメン定食」にも遭遇した。沖縄ではスパに必ずトーストが付いてくるし。まあラーメン定食は東京でも食べるし「餃子定食」も中国じゃありえないから、日本人は炭水化物をダブルで食べるのが好きなのかもね。

とか言いながら俺は、マカロニサラダをご飯に乗せて食べるのが好きだ。じゃあ焼きそばのこと、ウダウダ言うなって話である。

ホテルルートイン敦賀駅前

【福井県敦賀市】

採食日／2017年5月16日　形態／バイキング

MENU

モヤシの味噌汁
グリーンサラダ
ポテトサラダ
ポテトもち
筑前煮、野菜炒め
サンマの煮つけ
ウインナー、ハム
コロッケ
長芋短冊揚げ
スクランブルエッグ
納豆、漬物
昆布の佃煮
味付け海苔、ご飯
オレンジジュース

6時ちょうどのモリモリ朝メシ

やはり福井県の、やはり原発がある街、敦賀の駅前ホテルのモーニングである。こちらはご覧の通り豪華版！　ここも宿泊客は原発関係者が多い様子だったが、気力体力とも使う原発仕事に向けて、やはり朝はこれくらい食べておきたいものだ。

ちなみにここの朝食スタートは早くて、朝6時から。作業服姿のオジさんお兄さんが、開始と同時にドワーッと並んで、皆さん6時15分には食べ終わってイソイソと出かけていった。そしてホテルの前には「美浜原電行き」「敦賀原電行き」と札を下げた

採食日／ 2017年5月17日

MENU

豆腐とワカメの味噌汁
大根の煮物、ポテトもち
モヤシのカレー煮
ウインナー、磯部揚げ
ミニオムレツ
サバの塩焼き
カニカマ揚げ
マカロニサラダ
ビアソーセージ
サラダ、出し巻き玉子
昆布の佃煮、梅干し
漬物、味付け海苔
納豆、ご飯
オレンジジュース

バスがドンドンドーンと並んでいて、食べ終わった人が次々に乗り込んでいく。皆さん朝が早いから、朝メシも6時から。原発そのものについては賛否両論あるだろうが、そこで朝早くから働く皆さんには、素直に「ご苦労様です」と言いたい。

そんな中で、チンタラとモーニングを楽しむ俺は、少々申し訳ない気分だった。サラダとかチンタラ取っていたら、後ろに並ぶ人が妙にせかす感じでさ。普段なら「なんだよこの野郎！」とか思う俺だけど、バスの出発が迫っているのだろうと思い「お先にどうぞ」と言って、大人だった。たまにはね。

唐津第一ホテル

【佐賀県唐津市】

採食日／2017年4月19日　形態／バイキング

衝撃のおにぎりロボット！

え、パン3種類とおにぎりだけ!?と最初は目がテンになった。よく見りゃスープと玉子とハッシュポテトもあるんだけどさ、うーんこれで足りるかにゃー。満足感は得られるかにゃー。と思いつつパンを3種類とも取って席につき、クロ

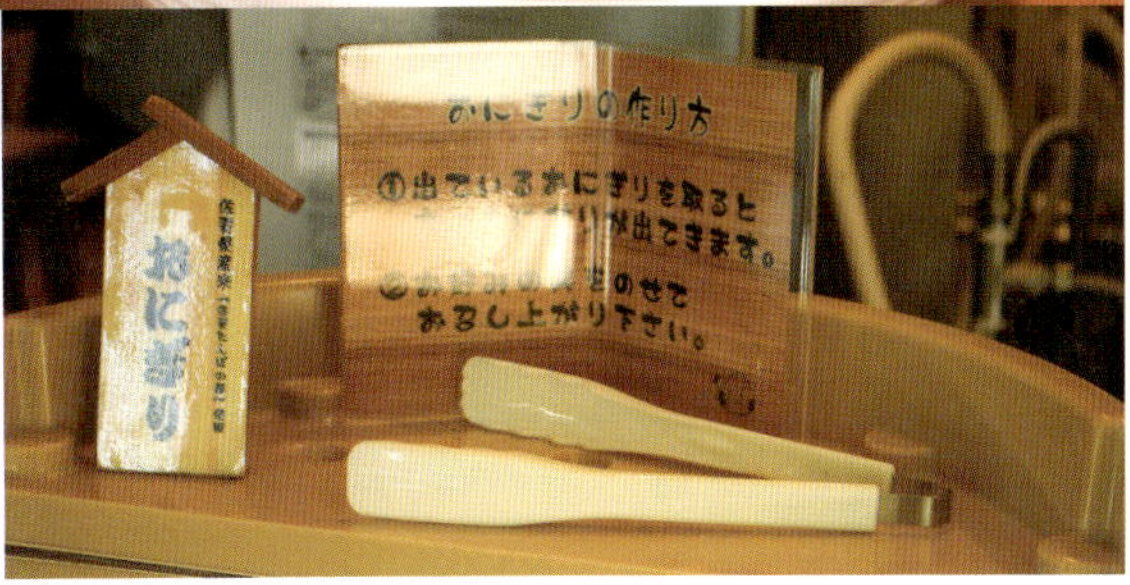

MENU

コーンスープ
クロワッサン
（焼きたて！）
バターロール
（焼きたて！）
あんパン
（焼きたて！）
ゆで卵
ハッシュポテト
おにぎり
（マシン特製！）
リンゴジュース
トマトジュース
ヨーグルト

ワッサンからおもむろに、パクリ。

サクッ。

……え？　何だコレ、パリッパリに芳ばしくて、しかも温かい。驚いてパンの陳列台を見ると「焼きたて」の一言が。バターロールもあんパンもフカフカで温かいし、思いがけず満ち足りた気分になってしまった。炊き立ての白いご飯と焼きたてのパンがあれば、オカズなんてなくてもいいのである。

さあ、その問題のご飯はおにぎり。そして配膳台の一角に何やら、マンガに出てくるような巨大米びつがドン。なんとこれがマシン！　ボタンを押すとブイーンと三角白おにぎりがせり上がって出てきて、そこにシャケや梅干しを乗せて、海苔で巻いて食べる状態なのである。

面白かったけど、普通に炊いたご飯を茶碗に盛って食べてはいけないのだろうかと、素朴な疑問も残った。マシンは相当デカくて高額そうに見えたが、はたして元は取れるのだろうか。

おにぎりもロボットが握る時代になったのか。って電気釜が出たとき、昔の人もそう思ったのかもね。パンが美味かった、マジで。

スーパーホテル沖縄名護

【沖縄県名護市】

MENU

サラダ・トマトドレッシング
葉野菜の味噌汁
シュウマイ
ウインナー
サバの塩焼き
厚焼き玉子
ジャガイモのコンソメ煮
ホイコーロー
納豆、海苔、漬物３種
梅干し、ご飯
ゆかり、ゴマ塩
フルーツポンチ、炭酸水

再びコードナンバー＆6分割の白い皿

名護で常宿・ルートインがいっぱいだったので、スーパーホテルにした。那覇新都心と同じ、6分割の白い皿。スーパーホテルは全国どこで泊まっても、この皿なのだろーか。

ご覧の通り、朝メシは種類豊富で、それぞれ美味

コラム⑫
納豆の食べ方七変化

ビジホ朝メシにおける、納豆の登場率は高い。納豆好きの俺はありがたい。

あるホテルでは隣に座った兄ちゃんが、サラダにかけて食べていた。あとオヤジに多いのが、白ご飯に混ぜこみ粘りを消すタイプ。糸を引くのが嫌いなのだろーか。

最近のビジホは外国人が多い。彼らはさすがに納豆を……それが食べるのだ。白ご飯に乗せ、箸で器用に食べる人もいれば、トーストに乗せる人も。ロールパンにポテサラと一緒に挟む中国人を見たときは「俺もやってみよう」と思った。この謎の糸引き豆に、よくも皆さん挑戦するものである。

フランスじゃ健康志向で日本食ブームで、納豆も人気だとか。ニュースで見た「クラッカーに乗せ、ハチミツをかけて食べる金髪美女」には驚いた。ちなみに俺は味噌汁にご飯を入れ、納豆をかけて食べるのが好きだが、外ではできない。とにかく朝メシに納豆は必要だって話である。

くて何の不満もない。なのにどーもここを一番に選ばなくて「二番手」になってしまうのは、やはり自動チェックインの機械的味気無さのせいかもしれない。やっぱりここでも暗証番号がウイーンと出てきて、ホテルを出るまで俺は吉田じゃなくてその番号、みたいな感じだった。なんつーか気分はアンドロイド、またはレプリカントみたいな。

あとこのスーパーホテルは、バスで動くオイラにとっては場所がイマイチ。最寄りのバス停が名護バスターミナルなんだけど、1㎞くらい離れている。沖縄はクソ蒸し暑い日が多いので、バス停まで1㎞歩きはキツい。一応再開発タウン「為又(びいまた)」のど真ん中にあり、ホテル前に「為又」バス停もあるんだけど、1日4～5本しか来ないので使えない。車で行くには便利だろうけど。

ネット予約者にはブルーシールアイスのミニカップをくれたり、サービスは努力している。でも一番手に選ばれないのは、やはり人間味が薄いから？　難しいねホテルも。

宮古第一ホテル

【沖縄県宮古島市】

MENU

パインソーダ、味噌汁
サラダ、野菜の煮物
クーブイリチー
フーチャンプルー
イワシの煮付け
ちくわフライ
鶏の唐揚げ、ポーク
スクランブルエッグ
生卵、ゆで卵
梅干し、油みそ
味付け海苔、カレー
柴漬け、高菜漬け
昆布佃煮、納豆、ご飯

予約も朝メシも激戦区の宮古島

宮古島に移動したわけだが、こちらも常宿「共和ホテル」が取れなくて、初めて泊まった第一ホテルである。ここ数年の春夏の沖縄は、常宿が取れなくて困る。特に8月は俺は行かないけど、もっと取れなくて大変らしい。

8月の石垣島では宿は取れても、晩飯の店や居酒屋がどこも満杯で入れない「晩飯難民」が

採食日／2017年5月16日　形態／バイキング

発生したとも聞く。あとレンタカーを借りられない「レンタカー難民」も。その背景にインバウンドの皆さん（主に中国&台湾）大量ご来訪という事情がある。もう最近の沖縄は、どこに行っても中国人だらけ。何とかなんないかねアレ。

　話は戻って第一ホテル、朝メシは期待していなかったけど、なかなか良かった。カレーも出てきたし、必要なものは全てそろっていた。ただホテル自体は可もなく不可もなく、あんまり印象に残っていないかにゃー。

　共和ホテル、いいんだよね。人間味があって、何度も泊まると顔を覚えてくれて、フロントのオジさんが「今度一緒に飲みに行きましょー」とか言ってくれて。ビジネスホテルでも沖縄は温かくていいねーって感じで。

　最近はどのホテルも、そんなに居心地悪くない。じゃあどこで結局選ぶかっていうと、結局そういう「人間味」とか「温かさ」なのかもね。ホテル業界の人も参考にしてほしいね。って読まないかこの本。

ホテルルートイン東室蘭駅前

【北海道室蘭市】

採食日／2017年7月30日　形態／バイキング

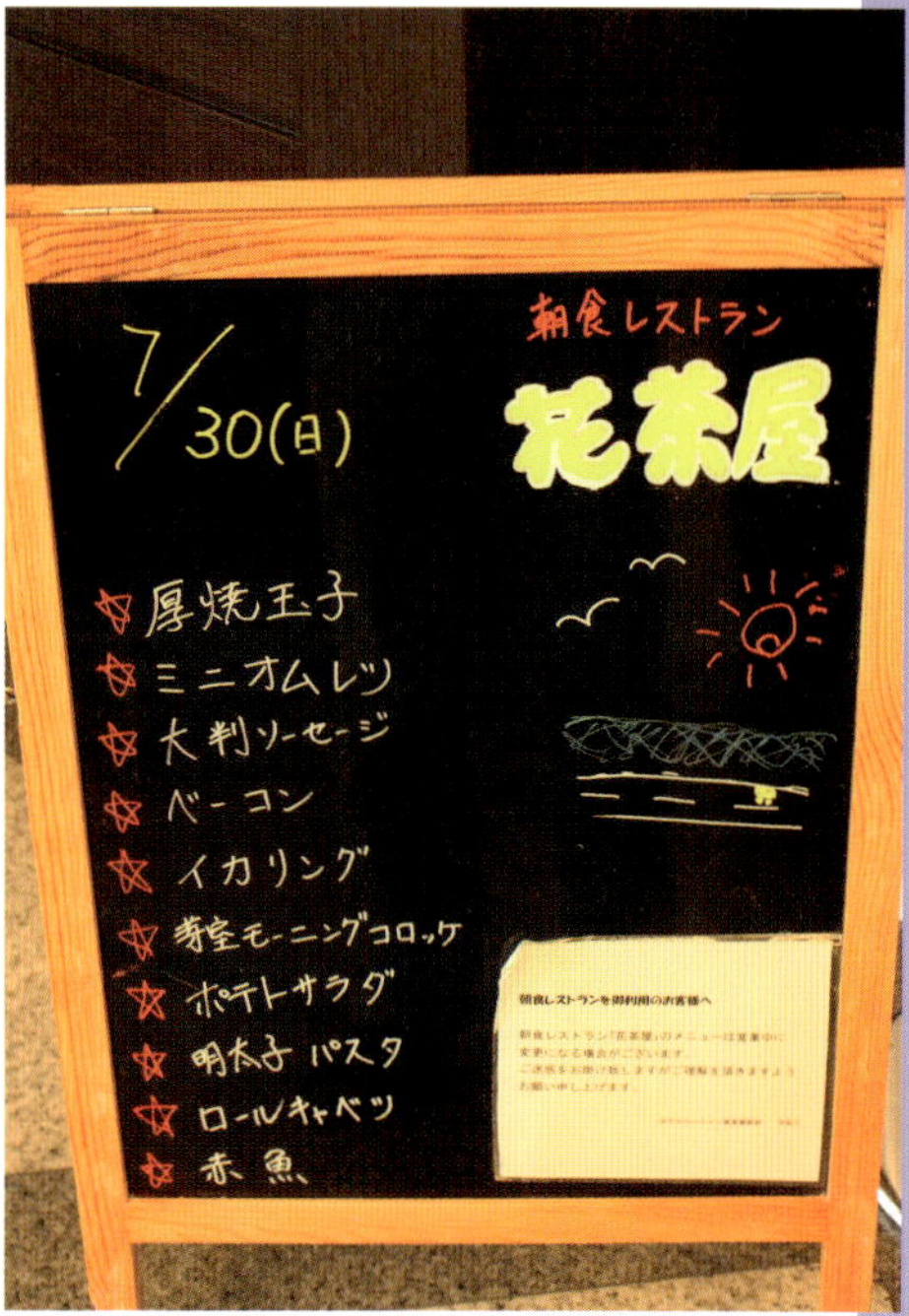

MENU

サラダ
ワカメの味噌汁
ロールキャベツ
めんたいこスパゲッティ
赤魚の塩焼き
ポテトもち
イカのリングフライ
ミニコロッケ
厚焼き玉子
ミニオムレツ
平たいソーセージ
ベーコン
ポテトサラダ
海苔
納豆
キュウリの漬物
梅干し
海苔の佃煮
ゆかり
ご飯

首相も輩出した北の街の朝メシ

北海道の室蘭である。室蘭駅より東室蘭駅前のほうが、なぜか栄えているのが不思議である。ご当地グルメの「室蘭やきとり」と「カレーラーメン」が人気なので、朝は控えめにしておこうと思ったのに、そこは朝バイキング充実のルートイン。ガッツリ食べて、でも昼にカレーラーメンのトンカツ乗せとか食べてしまうので、北海道に行くとブクブク太ってしまうのである。

この辺でようやく気づくのだが、どこのルートインに泊まっても必ず「ポテトもち」が出てくる。ってか「芋餅」は北海道、

和歌山、岐阜、高知の郷土料理だそーで、ホテルのオーナーがその辺のご出身なのだろーか。大根餅は中華屋でよく食べるけどね。大根めしは「おしん」。

室蘭で有名人といえば、総理もやった宇宙人こと鳩山由紀夫サン。俺は市内の居酒屋で、軽い気持ちで鳩山サンを嘲笑する発言をしたら、女将さんに「シーッ」と言われ注意された。「この街ではダメよ」だって。ちなみに寂れたアーケード街に「鳩山さんが愛人を作ってしまい、秘書が愛人に手切れ金を渡したホテル」がある。室蘭駅前には、鳩山サンが愛人と逢瀬を重ねたバーもある。そーいうタイプに見えないんだけどね。やるときゃやるんだ鳩山センセ。

東横イン札幌駅西口北大前

【北海道 札幌市】

採食日／2017年7月31日　形態／バイキング

少年よ、朝メシを抱け！

北海道の東横インを数本まとめてここで、紹介しよう。

MENU

油揚げの味噌汁、厚焼き玉子、鮭ふりかけ
野菜サラダ、ポテトサラダ、春雨サラダ、
ウインナー＆ブロッコリー、ご飯（ワカメご飯もあり）
野菜の煮物、オレンジジュース、アイスコーヒー

東横イン苫小牧駅前

【北海道苫小牧市】

東横インとかち帯広

【北海道帯広市】

ってか美食爆食王国の北海道なわけだが、東横インに関しては、もうちょい朝メシは頑張ってほしい。ここ北大前も特徴及び北海道ならではの「らしさ」がイマイチ薄い。目に留まるのは味噌汁の油揚げの量が多いくらいか。

このときは札幌から出発して、ほかに「東横イン苫小牧駅前」「東横インとかち帯広」にも泊まったが、やはり朝メシは似たような印象だった。東横インは客室のインテリアが、どこで泊まってもほぼ同じなので、朝メシはもっとホテルごとに個性を出してくれるとうれしい。

ってか苫小牧は3泊したが、スパサラ→ソース焼きそば→ソース焼きそばと、3日続けてオカズに麺が出た。西日本だけかと思ったら、こんなに全国で「朝からご飯と麺を」一緒に食うものなのだろーか。

帯広も朝メシも、不満はないけど個性に欠けていた。街はブタ丼屋だらけなのだから、頑張らないと客がブタ丼屋に流れていってしまう危機感をもってほしい。またはインデアンカレー。

ホテルスエヒロ

【北海道滝川市】

採食日／2017年8月2日　形態／バイキング

もも
写真は
イメージです

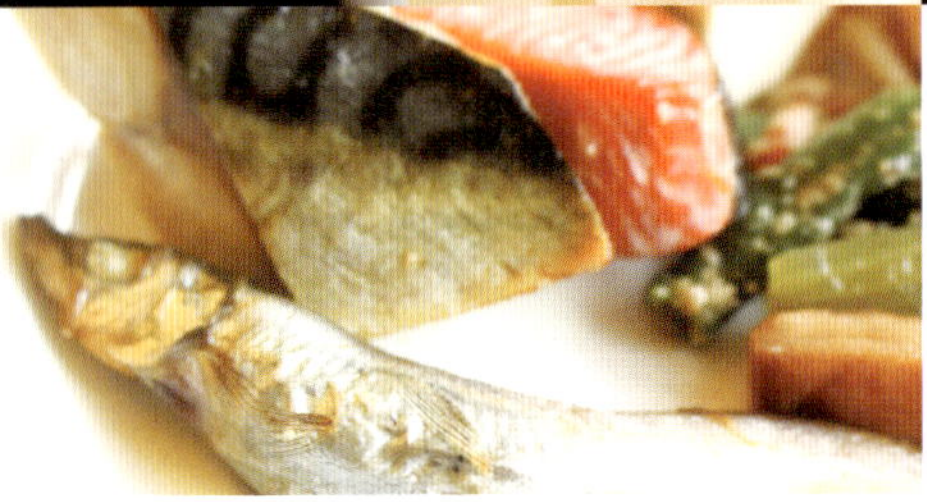

MENU

野菜ジュース

味噌汁
（ナメコ、ワカメ、麩、ネギ）

サラダ、冷奴

きんぴらごぼう

インゲンのゴマ和え

フキの煮物

梅干し、タラコ

漬物
（ナス、カブ、タクアン）

塩ジャケ、ししゃも

サバの塩焼き

スクランブルエッグ

肉団子の甘酢あん

ウインナー、ベーコン

イカの塩辛、納豆

ツブ貝、温泉卵

ご飯

ダノンヨーグルト
（ピーチ）

素材にこだわり 大満足の北海道モーニング

滝川は北海道空知地方の中核都市。札幌と旭川の間にあり、昔は周辺に炭鉱が多く、炭鉱街同士を結ぶ交通の要衝として発展した。

だが炭鉱が次々に閉じて、炭鉱により栄えた滝川も寂れた。駅前アーケード街も、今や目を覆うほどのシャッター通り。1km以上続くアーケード街の、ほとんどの店舗が閉じてしまい、最近まで頑張っていたミスター・ドーナツも移転してしまった。

そんな滝川の、老舗のホテルである。広いロビーの一角にフロントがあり、そこだけポワンと明かり

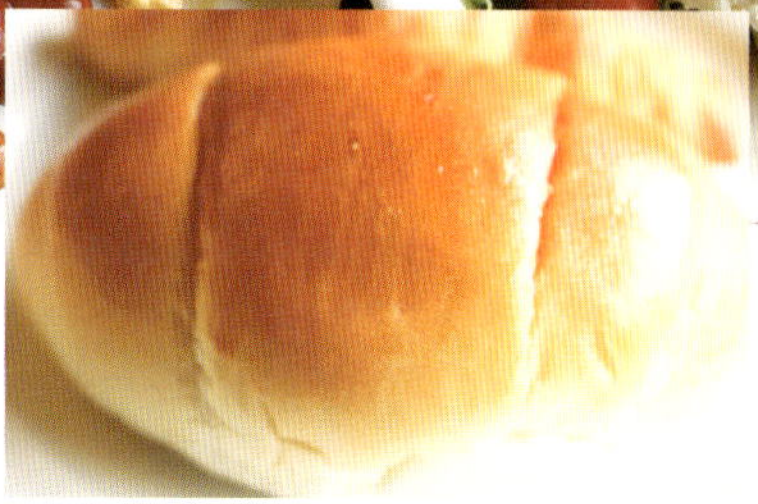

採食日／
2017年8月3日

MENU

野菜ジュース
ホットコーヒー
サラダ、スイカ
ロールパン
クロワッサン
スクランブルエッグ
ウインナー
ベーコン
オレンジ
ハスカップゼリー
生卵、ご飯
大人のフリカケのりわさび
ダノンヨーグルト（イチゴ）

が灯り――そんな感じだから朝メシも期待していなかった。ところが。

　素晴らしかった。品ぞろえだけでなく、味もよかった。特に道産小麦「はるゆたか」を使って焼いたロールパンは、フカフカの絶品！　砂川の「もっきりや」が生産した有精卵も、黄身に張りがあって色が濃く、味わいも濃厚。ほかにツブ貝やシシャモなど道産食材も並び、朝から爆食いしてしまった。

　温泉卵がカクテルグラスに盛られ「ハレの日にホテルに来た」不思議な感慨も。街は寂れたといっても名物・松尾ジンギスカンは健在だし、シャッター・アーケードを越えた先の歓楽街「三楽街」は、夜は煌々と明かりが灯り賑わっている。駅をこっちに移せばいいのにと思ってしまう（そうもいかないか）。

　とにかく北海道旅でスルーしがちな滝川だが、ぜひ一泊してほしい。泊まりはもちろんスエヒロで。

東横イン釧路十字街

【北海道釧路市】

採食日／2017年8月27日
形態／バイキング

美川サンものけぞって驚く巨大フキ

♪あーなたが～にくうい～♪と美川憲一サンも歌った釧路である。『さそり座の女』だけじゃないのである。一時期紅白で「さそり座の女2007」「さそり座の女2008」とか毎年タイトルが変わっていたけど、ボンクラな俺には違いがわからなかった。ってか何の話かっ

MENU

リンゴジュース、オレンジジュース
豆腐の味噌汁、千切りキャベツ
ポテトサラダ、出し巻き玉子
巨大フキの煮物、ご飯、カリカリ小梅
海苔の佃煮、鮭フレーク
キュウリの漬物、納豆、ヨーグルト

採食日／2017年8月30日

※衝動的にパンを取ってしまい、メチャクチャな一食に。にゃはっ。

MENU

野菜サラダ、マカロニサラダ、納豆
シュウマイ、厚焼き玉子、鮭フレーク
ヨーグルト、混ぜこみご飯、昆布佃煮
漬け物、モヤシとワカメの味噌汁
食パン、マーガリン＆ママレード
オレンジジュース、リンゴジュース

つーと釧路である。この日本のさいはての街にも東横インがあるからビックリだ（このあとさらなる、さいはてが登場）。

品数は多いものの、まあまあ一般的な東横インの朝メシだと思わせて、巨大フキの煮物が異様な存在感を放っている。道東はなぜかフキがよく育ち、デカい。「ラワンブキ」というそうで、長さ2m、直径5センチくらいあってデカいのである。フルスイングで人を殴打したら、けっこうな武器になりそうだラワンブキ。ブキだけに武器、なーんちゃって。

ホテルは釧路の繁華街「末広町」に近いけど、道東最大の繁華街といわれた末広町も、すっかり寂れてしまった。今や街のにぎわいも、帯広に負けている感がある。

だが最近の釧路は、ご当地グルメ「スパカツ」が評判で、昼どきには人気店に行列もできる繁盛ぶりだ。というわけで朝もこれだけ食べて、昼はボリュームたっぷりのトンカツ＆スパも食べてしまうので、北海道にいるとやっぱりブクブク太っていくのである。

ニュー阿寒ホテル

【北海道釧路市】

採食日／2017年8月28日　形態／バイキング

海鮮丼とカレーのコラボにマリモもビックリ

そりゃアカン。あきまへんわー！

関東者がこーやって大阪弁をマネると、すぐに出てきて「大阪ではそんな言い方しませんわー」とか言う大阪人と俺は気が合わない。ということで北海道の阿寒湖畔にビジネスで来たが、ビジネスホテルがなかったので温泉付き観光ホテルに泊まった。デカくて豪華なホテルだったけど、ビジネス並みの料金で泊まれてしまったので紹介してしまう。そしてビジネス並みの料金で、この朝メシだから、けっこうトクした気分なのである。

海鮮丼とカレーが両方食べ放題、盆と正月が一度に来た状態だ。ってか普通の人間はどっちか片方だけ食べるんだろーけど、オイラは両方食べてしまった。だって両方とも好きなんだもん、うふっ（執筆中に53歳になりました）。棒付きフランクもググイ

MENU

トマトジュース
ソフトカツゲン
カニの味噌汁、目玉焼き
ツナ入りコールスロー
マカロニサラダ
スパゲッティ・ペペロンチーノ
フライドポテト
厚切りベーコン、海苔
棒付きフランクフルト
オニオンリング、塩ジャケ
ボローニャソーセージ
巨大フキとコンニャクの煮物
なめたけ、イカの塩辛、納豆
ウニしいたけ、サバ塩焼き
海鮮丼
（トビッコ、マグロ、シラス、タラコ）
野菜たっぷりカレー
ブルーベリーヨーグルト

としごき食べて、仕上げは腰に手をあてソフトカツゲンをゴクゴク。パワフルなモーニングに、阿寒湖のマリモも驚いたことだろう。マリモに感情があればの話だが。

ってか人は海産物を前にすると、大人でも理性を失う。浴衣の袖をトビッコに浸し、夢中で食べている兄ちゃんがいた。海鮮丼めがけて突進する女に突き飛ばされた。冷静になれっつーの。

あとトレーに一通り乗せたあと、全部叩き落した浴衣オヤジがいた。前夜飲みすぎたのだろうか。大人がそろいもそろって、しっかりしてほしいものである。

東横インオホーツク網走駅前

【北海道網走市】

採食日／2017年8月29日　形態／バイキング

MENU

かき玉味噌汁
コールスロー
出し巻き玉子
レンコンのきんぴら
ウインナー
混ぜこみご飯
漬物
カニのふりかけ
納豆

シャバのメシは温かくて美味いのう！（↑誰だよ）

なんとこのさいはての番外地、刑務所の街にも東横インである。寂れた駅前に高層ホテルがドーンと建って、オレ本当に網走に来たの？って感じ。

んで網走観光といえば、何をおいても網走刑務所。それ見たあとなら何食べても満足だってことで、ごく一般的な東横イン朝メシだけど、なんというか「普

コラム⑬

季節感と郷土色は必要か？

最近は多くのビジホ朝メシが、季節感やご当地色を出そうと頑張っている。以前の俺は「ビジホ朝メシに、そんなことは望んでいない」と突っぱらかっていたが、やはり出てくると嬉しいものだ。

まず春先にタケノコご飯を出すホテルが、けっこう多い。タケノコご飯は意外に外食ではありつけないし、自炊しなければコンビニ弁当やオニギリで食べるのが関の山。炊きたての手作りで出てくると嬉しい。

郷土食は北海道と沖縄で、よく出てくる。北海道はイクラにイカ刺し、沖縄はゆし豆腐にジューシー。ほかにも松山のジャコ天に岡山の煮豆、佐渡のイゴネリに長崎の皿うどんなど、各地とも頑張って出してくれる。

格安ビジホの朝メシでも、ご当地グルメを楽しめるはありがたい。しかめっ面でビジホ朝メシを食べている人も多いけど、片隅に盛られた郷土色で、ささやかな旅気分を楽しみたいものである。

通の日常を送れる幸せ」に感謝しつつ、美味しくいただいた。

まあごく普通なんだけど、納豆がミニカップじゃなくて、しっかり普通サイズのパックなのが嬉しい。あとフリカケがカニってところに、ほのかな北海道気分も。味噌汁がかき玉ってのもいい。網走市街はオニのように寂れていたが、東横インを拠点にみんなもっと観光に来てほしいものである。

ちなみに寂れた市街にあって、行列ができるレストラン「ホワイトハウス」は「ステーキ&うにイクラ丼」という信じられないセットがあるので、ぜひ行ってほしい。あとオホーツク流氷館にクリオネを見に行ったら、オホーツクエリアを中心に活動する田村正和さんのそっくりさん「田村まさか」さんが、何かショーをやっていた。小さかった。刑務所以外もいろいろ楽しい網走である。

ってかこの朝メシの直前に、北朝鮮のミサイルが北海道上空を通過して、Ｊアラートが鳴った。「地下に避難してください」とメッセージも来たが、網走でどこにあるのか地下。

ビジネスホテル三洋館【北海道根室市】

採食日／2017年8月31日　形態／朝定食

MENU

花咲ガニの味噌汁
塩ジャケ
漬物
野菜の煮物
厚焼き玉子
ポテトサラダ
生卵
味付け海苔
納豆
ご飯
ヨーグルト

四島返還を思いつつ、カニ汁をすする

北方領土が見える街、根室。釧路から根室に向かうJR花咲線が、途中で鹿とぶつかって止まったり、半端ないサイハテ感である。

納沙布岬まで北方領土を見に行ったら「北方領土は日本のもんじゃオンドリャー！」みたいな右翼のワケわかんない碑がやたら立ってて、でも目と鼻の

先に北方領土観光客目当てのカニ食堂がいっぱいあって、右翼ＶＳカニの仁義なき戦いだと思った。

一方で街のバーで飲んだら、根室出身の根室市民は「なんかもうどーでもいいから（ロシアと）仲良くすりゃいい」くらいな本音の人がけっこういて、でも北方四島出身者も市内に多いから、そんなことウカツに言えないと言っていた。報道から漏れ伝わるイメージと、現場はいろいろ違うなと思ったわけである。

さて、ホテル１階はなんと寿司屋で、朝メシもそこで食べた。根室の夏の名物、花咲ガニが味噌汁で出てきて、朝メシというより寿司で一杯飲んだあとのシメみたいだった。俺も根室に着いて「花咲ガニだオリャーッ！」とテンション上がったが、１杯５００円とか１０００円とか安くてドテッって感じ。地元の人は声をそろえて「道民はこんなもん食わねーよ」と言っていた。確かに人によっては「大味（おおあじ）」と思う味かも。

とりあえず花咲ガニはトゲだらけで、どう持っても手が痛かった。街はロシア人が多かった。まあ平和な雰囲気だったね、北方領土が見える街は。

天然温泉灯の湯ドーミーインプレミアム小樽【北海道小樽市】

採食日／2017年9月25日　形態／バイキング

MENU

※実演焼き物コーナー

ホタテ、サバ、シャケ

シシャモ、さつま揚げ

トウモロコシ

※自分で作る海鮮丼コーナー

イクラ、シラス、甘エビ

サーモン、カニ

サラダバイキング
（コールスロー、スナップえんどう、コーン、カボチャサラダ、ポテトサラダ）ゴマドレッシングで

なめこの味噌汁、冷奴、納豆

梅干し、ウインナー

海老コロッケ

コーンポタージュカツ

スクランブルエッグ

目玉焼き、温泉卵、海苔

ヨーグルト with **ドライフルーツ**
キウイソースまたはブルーベリーソースで

なめらかプリン

ソフトカツゲン

ビジホ朝メシの頂点に立つ至福モーニング！

さあレジェンド・オブ・ビジホ朝飯、小樽ドーミーインの登場である。10年前に泊まったとき、俺は度肝を抜かれた。

セルフ海鮮丼はイクラ、カニ、甘エビ取り放題！ 実演焼き物コーナーに、海鮮やトウモロコシがズラリ！「ここビジホだよね?」と驚きつつ食べまくり、満腹でその日は仕事にならなかった。24時間入れる温泉もあり、ビジネスで来たのにビジネスを忘れた。

そして今回、10年ぶりに再訪。6時15分に朝メシ会場に行くと、すでに行列が！ ここの朝飯の豪華ぶりは有名だから、みんな気合いが入っているのだ。

やっと席を取り、まず海鮮丼コーナーへ。と思った瞬間、客のお姉さんが俺を追い越し海鮮丼めがけダッシュ！ 普通の出張サラリーマンお兄さんもダッシュ！ みんな周りが見えていない？ 負けずに俺もダッシュ！

イクラちゃんですパープー！（周りが見えていない）ザクッとすくい白ご飯の上にボボン！ さらに焼き物コーナーでホタテとトウモロコシも！ 卵コーナーでオムレツの実演もやってるし！

MENU

採食日／ 2017年9月26日

サラダバイキング
（キャベツ、スナップえんどう
トマト、カボチャサラダ、ポテトサラダ）

ソフトカツゲン、オレンジジュース

チーズオムレツ
（実演）

スクランブルエッグ

ウインナー、玉ねぎコロッケ

ワッフル
（メープルシロップ、イチゴソース、アングレーズソース）

ミックスフルーツ

グレープフルーツ、梨、オレンジ

ヨーグルト with ブルーベリーソース ＆ドライフルーツ

胚芽入りパン

エッグタルト、ミニケーキ

取ったどーっ！　ズラリ並べた豪華朝飯を前に、俺は恍惚に浸った。はるばる来たぜ小樽。夜の小樽は雪が舞う。裕ちゃんとサブちゃんがごっちゃになりながら、俺は海鮮丼からかき込んだ！

——ふうっ、全部食べた。小樽に何しに来たんだっけ。あ、仕事か。どーでもよくなっちゃった。温泉でも入ろっかなー。

裕次郎記念館が閉じ、小樽の観光客も減っているかと思ったら、減っていなかった。小樽へ行こう！そして朝メシを食べよう！

東横イン那覇旭橋駅前

【沖縄県那覇市】

採食日／2017年10月23日　形態／バイキング

MENU

油揚げの味噌汁
サラダ
ジューシー
ラタトゥイユ
スクランブルエッグ
漬物
カリカリ小梅
ヒジキ煮
ヨーグルト

駅にもうちょい近ければ

東横インは那覇に4軒あり、定宿の美栄橋が満室だとここに泊まる。ここのほうが美栄橋よりデカく、朝メシ内容も充実。それでも美栄橋に泊まるのは、ここが「駅前」と豪語しつつ、そんなに駅前じゃないからである。

ゆいレール旭橋駅前からここまで、けっこう歩く。1年の半分が灼熱地獄の沖縄で、歩く距離は最短にしたいので、駅やバス停から少しでも近いホテルを選ぶ。たったそれだけの理由で二番手に甘んじる旭橋である。

とはいうものの朝メシは、ヘルシーでしかも満足

MENU

ご飯、味噌汁
サラダ、ヒジキ煮
塩ジャケ、漬物
カリカリ小梅
葉とうがらしの佃煮
ナタデココ入り
フルーツポンチ

感あり。納豆がミニパックじゃなく、普通サイズなのもいい。ジューシーにゆし豆腐、玉子焼きにアーサ（青のり）を入れるなど沖縄らしさも演出して、優良モーニングと言えるだろう。

だがある日の朝、厨房から婦人の「失敗しちゃった！」という声が聞こえてきた。その日の料理に特に失敗は見当たらなかったが、何を失敗したのか。さらに別のある日は、朝メシ開始時間に白米が間に合わず「ジューシーからどうぞ」事件も起こった。沖縄でいう「てーげー」（適当）が、時おり垣間見える旭橋なのである。

ここ数年の那覇は中国＆台湾からの旅行者が多く、ここも中国人だらけだ。採食日は隣席の中国婦人が、味噌汁をお椀のフチギリギリまでなみなみ注ぎ、着席寸前に全部ぶっこぼして「あきゃーっ！」とか叫んでいた。とにかく那覇は中国人だらけ。ホントにもう。

採食日／ 2018 年 2 月 20 日

MENU

MENU

採食日／ 2018 年 2 月 21 日

コラム⑭

ドキュメント女の朝ごはん

あるホテル滞在中に、早朝から原稿を書かなきゃいけなくて、４時半に起きた。眠いなー。なんでこんな朝早くから仕事しなきゃいけねーのか。とりあえず自販機で、缶コーヒーでも買おうと１階ロビーに降りると——朝食会場で数人の女性が、もう働いている。配膳台を整えて、奥の厨房から味噌汁の香りも。コーヒーを買う俺に気づくと「おはようございます」と声をかけてくれた。

この時間から大変だなー。そう思うと、４時半起きでグチグチ言う自分が恥ずかしくなった。中には高齢の女性もいる。皆さんどんな事情があって、この超・早朝から、ここで仕事をしているのだろう。

もちろん全員が「ワケあり」で、早朝のホテルで働いているわけじゃないだろう。単に深夜～早朝のほうが､時給がいいからだけかもしれないし。でも某ホテルの朝メシ会場では、厨房で働く30歳くらいの女性が、支配人らしきオジさんにこぼしていた。

「養育費が払われなくて、向こうと連絡取れないんですー」

「そりゃ弁護士に言わなきゃ」

「それもタダじゃ言えないし」

旦那と別れ、女手ひとつで早朝から働き、子どもを育てているのか。大変だ。でも朝メシ時間になると女性は、何事もないかのように笑顔で「おはようございますー」と挨拶。仏頂面の男たちがひとり、またひとり朝メシ会場に現れ、あいさつもなく食べ始める。せめて「いただきます」「ごちそう様」はキチンと言って食べよう、そう思った。

無機質で素っ気ないと思われがちなビジホ朝メシだが、いろいろな人生を背負った女性たちが、今日も超早起きして作っている。美味しくないわけがない。彼女たちの努力に報いるためにも、残さず機嫌よくいただきたいものである。

岡山ビューホテル

【岡山県岡山市】

採食日／2017年11月15日　形態／バイキング＋魚料理

MENU

サラダ with
きなこドレッシング（！）

かに玉、生卵

備前味噌の味噌汁

漬物

ご飯＆ふりかけ

野菜ジュース、中国茶

焼き魚（タイ）

切干大根、大豆の煮物

桃太郎の街では野菜にきなこ!?

岡山という場所に、そんなに「ビュー」は求めていないがビューホテルである。一見して普通の簡素なビジホだが、エレベーターの壁に、何やら朝メシに関するただし書きが。

「朝食ではなく朝ごはん」「生産者とシェフの命のリレー」なんだか大きく出る朝メシいや朝ごはんなのだ。

朝メシ会場はその名も「和洋旬菜だいにんぐ　五

朝食ではなく、朝ごはん
これが元気のキーワード。
〜アツアツできたて朝ごはん〜

ジュワ〜ッと鉄板でシェフが焼く魚のいい香りと音、岡山産コシヒカリのふっくらごはん、備前のおいしい水で作るやさしくあったかお味噌汁、豆から煎れる挽き立てコーヒーなど、できたてにこだわり、一日を元気にスタートできる源がここにあります。

生産者とシェフの命のリレーで元気な一日をサポート

感」。清らかなＢＧＭが流れる中、料理を取りまくるが、魚料理はあとから別に持ってくるとのこと。ってかサラダコーナーに置かれた「きなこドレッシング」に目がテンになる。なぜきなこ？ コーンをガバッと盛ったサラダの上に、ナミナミとかけてみる。

席につくと焼き魚が別皿で登場。タイの焼き物にあんかけ、突然ここだけ料亭風だが、隣にきなこドレッシングである。まずサラダからパクリ。きなこドレッシングのお味は？

うーむ、きなこはきなこ、ドレッシングはドレッシング。チャレンジ魂は買うが、素直にゴマを使っときゃいいのでは。まあ味噌汁の味噌が地場産だったり、随所に努力の跡が見られて好印象だったけどね。

余談。チェックイン時にモメている欧米夫婦がいて「キャンセル！」とかシャウトしていた割には朝メシ会場にいた。でもブスッとしていた。ご飯は機嫌よく食べるのが、作った人への礼儀だと思うが、命のリレーのバトンを落としたのかも。ってキレイにまとめる俺（そうか？）。欧米ってややこしいね。

ホテルキャッスルプラザ【兵庫県明石市】

採食日／2017年11月16日　形態／バイキング

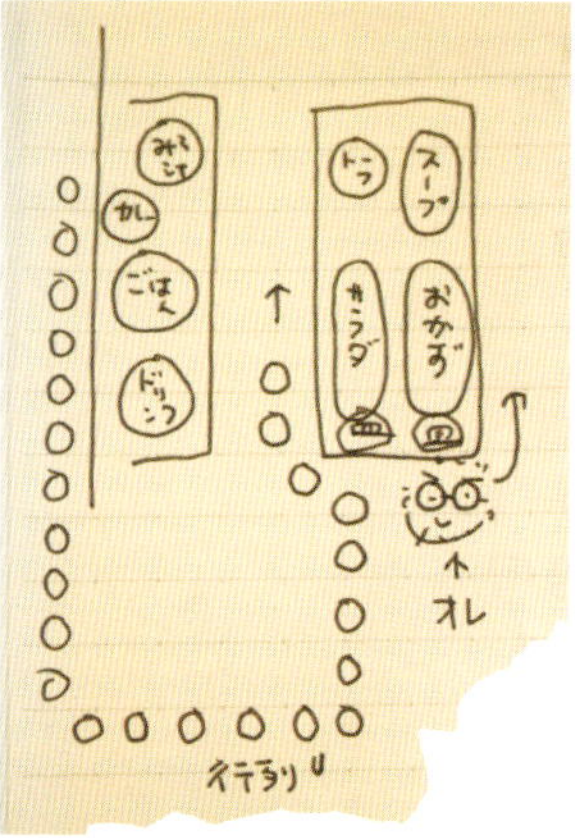

※取材ノートより転載♪

「朝からタコ」が明石流

6時半の朝メシスタートと同時に大行列。そして料理の配置がなんだか不思議？（イラスト参照）皆さん律儀にサラダから取っているけど、ここは二手に分かれておかずゾーンに行くほうが賢明では？と思い、あえておかずから先に取る逆走を試みた。

MENU

サラダ、野菜ジュース、ゆで卵
コーンスープ、カレー、ウインナー
チキンのトマト煮、温野菜、
ミニオムレツ、タコの柔らか煮
ベーコン、フライドポテト、焼き魚
ヨーグルト with
グラノーラ＆ブルーベリーソース
ホットコーヒー

あとに続く人もいるだろう、と思ったら。

誰もついてこない！　ひとりだけおかず↓スープ↓豆腐の順に回る俺は、明らかに変な人だ！　サラダゾーンで思いきり鉢合わせして、思うように取れなかった。ってかこの配置はどうなんだろう？　ホテル側にはぜひ一考をお願いしたい。

とか思っていたら20分後には行列もハケて、好きなものを好きなタイミングで取れる状態になった。急がば回れってことか？　ひとつ勉強して大人になった。50過ぎて「大人になった」ってのもなんだか。

朝メシは別料金で１４０４円。安くはないので元を取ろうかと思ったが、前夜に関西の定食屋といえばここ「宮本むなし」でトンカツスペシャル定食平らげちゃって、しかもこのあとトイレ事情の読めない島に行く予定だったので、途中でウンコをしたくならないよう腹7分目に抑えた。「え、これで7分目？」とか言うな。ごく一般的なラインナップの中で、タコが明石らしさを主張していた。

朝メシ会場はホテル内のレストラン「カンポ・フェリーチェ」。「カンポ」ってどーゆー意味？　簡保？（イタリア語で「広場」って意味みたい）

リゾートホテル久米アイランド

【沖縄県久米島町】

採食日／2017年11月21日　形態／バイキング

MENU

サラダ、梅干し、温野菜
ゴーヤーチャンプルー
ゆし豆腐のアーサあんかけ
サバの塩焼き、ウインナー
スクランブルエッグ、ハム
フライドポテト、ハンバーグ
出し巻き玉子、温泉玉子
レンコンのきんぴら、海苔
ジーマミー豆腐、油みそ
もずくの佃煮、納豆
ご飯、味噌汁
サプリメントドリンク

オフシーズンのリゾートで快適モーニング

ビジネスホテルではなくて、リゾートアイランド・久米島の立派なリゾートホテルである。ただし泊まった11月の久米島はオフシーズンで、豪華ホテルもビジネス値段でお安く泊まれてしまうことがある。ってかここは仕事上のコネでコネコネ泊まってしまったのだが、せっかくなので入れてみた。

採食日／2017年11月22日

リゾートホテルとしては過不足のない品ぞろえで、満ち足りた朝メシである。ゴーヤーチャンプルーにゆし豆腐、ジーマミー（落花生）豆腐など沖縄食材や料理は取り入れているが、奇をてらった演出もなく、標準的なラインナップといえるだろう。特筆するとすれば、鮮やかなオレンジ色の「サプリメントドリンク」はいったい？　俺は2泊して、計2杯飲んだが、何をサプリメントされたのだろーか。

あと2食めは「昨日と同じ感じだにゃー」と思って取りまくっていたら、順路の最後にカレーのトラップが。俺はカレーを素通りできないタチなので、取ってしまったカロリーオーバー。朝カレーを食べるときは、その他のメニューを節制したいので、できれば順路の最初のほうで置いてほしい。ってかサプリメント台無し。

MENU

- パン3種類
- カレー、肉じゃが
- サラダ、ハンバーグ
- ウインナー、温野菜
- フライドポテト
- ベーコン
- スクランブルエッグ
- ヨーグルト＆マンゴーソース
- コーヒーゼリー
- ブラウニー
- サプリメントドリンク
- ホットコーヒー

東横イン那覇おもろまち駅前

【沖縄県那覇市】

採食日／2017年11月24日　形態／バイキング

MENU

- ご飯
- 鮭そぼろ
- しば漬け
- ワカメと大根の味噌汁
- 出し巻き玉子
- サバの塩焼き
- 野菜盛り合わせ（ズッキーニ、サツマイモ、パプリカ、ヤングコーン、）
- クーブイリチー
- 春雨サラダ

2017年12月11日

MENU

- 玉ねぎとワカメのスープ
- サラダ、パスタ
- ブロッコリーとコンニャク
- 出し巻き玉子
- ジューシー
- 昆布の佃煮、しば漬け

2018年2月19日

MENU

- ワカメスープ、サラダ
- ミートスパゲッティ
- 厚焼き玉子
- レンコンのきんぴら
- 昆布の佃煮、ご飯

新都心の朝メシに沖縄らしさはあるか？

那覇の再開発タウン「おもろまち」には東横インがふたつあり、那覇のほかの東横インが満室だと泊まる。２軒とも朝メシが似ていて、どっちがどっちか記憶もハッキリしないので、まとめて紹介する。

２軒とも中国&台湾人（見分けがつかん）が多い。んで「駅前」の朝メシは6時半からだけど、エレベーターの壁に「7時半ごろから混みあいます。早めにお越しください」と貼り紙が。一応6時20分に降りてみると、そんなに人はいないので、席に座って待つ。

すると6時27分、太った中国人が降りてきて、変な位置にボーッと立つ。行列の先頭に立ったつもりか？　そのあとに、やはり中国オジさんふたりが並ぶので、仕方なく俺もそのあとに並んだ。開始前

東横イン那覇新都心おもろまち【沖縄県那覇市】

MENU

おにぎり（油みそ、ワサビ菜）、**味噌汁**
千切りキャベツ、フーチャンプルー
きんぴらごぼう、漬物、昆布佃煮
出し巻き玉子
（プレーン、アーサ入りの２種）
カリカリ小梅

…に行列を作るな。そして朝メシが始まると、先頭男はオニギリ全種類をトングでわし掴み、必殺8個盛り。そんなに盛るから太るのだ。

というか西明石に続き、ここも料理の配置が変で、どの順番で取って進めばいいのか戸惑った（上のイラスト参照）。順路が壁に突き当たる袋小路状態で、これから料理を取る人の背後を「すみません」と言いながらスリ抜けて戻る理不尽さ。しかも順路の最初に汁が配置され、お椀に盛った汁を持ちつつ、ほかの料理を取る不安定ぶり。途中で何度も汁を「おっとっと」とこぼしそうになった。

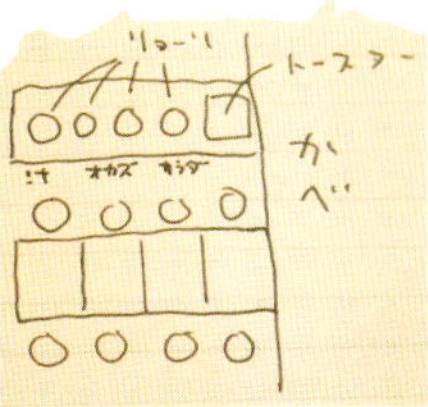

あと窓に面したカウンター席の、テーブルとイスの高さの関係も変だった（下のイラスト参照）。太ももがテーブルとイスに思いっきり挟まれて難儀した。いろいろ改善の余地がある「おもろまち」である。

数泊したら、味噌汁じゃなくてスープが出た日があった。なのに厨房婦人は「お味噌汁いかがですかー？……（小声で）あ、スープか」と言っていた。相変わらず沖縄の人はしっかりしてほしい。クーブ（昆布）イリチーや油みそ、フー（麩）チャンプルーなど、沖縄料理を取り入れる努力は評価したい。

沖縄かりゆしビーチリゾート・オーシャンスパ【沖縄県恩納村】

採食日／2017年12月23日　形態／バイキング

西海岸リゾートでのびのびと朝メシを

ビジネスホテルではなく、本島西海岸のリゾートエリアに立つ、レッキとしたリゾートホテルである。なのだがシーズンオフだからか、ブッキングサイトで破格の1泊5800円で泊まれるってんで予約してみた。んで5800円でリゾートステイかってルンルン（死語）して出かけたら――。

部屋があんまり広くない。東横インのエレベーター脇格安シングルのようだ。これはもしかして添乗員用の部屋に、閑散期はビジネス料金で泊まれてしまうってことかも？

というわけで部屋は広くなかったが、でもスパや大浴場は使えるし、徐々にリゾート気分が盛り上がる。そしてこの朝食。5800円で、この内容が取り放題で、いったい何の不満があるというのか。美味しくいただきました。

MENU

パインジュース、味噌汁
サラダ、納豆
ベーコン、ウインナー
肉じゃが、ペンネミートソース
塩ジャケ、ゴーヤーチャンプルー
シュウマイ、明太子
アーサの佃煮、フーチャンプルー
ジャーマンポテト
スクランブルエッグ
目玉焼き with ウスターソース
フレンチトースト
ヨーグルト with ブルーベリーソース

この1か月後にレスリングの試合を控えていて減量中だったので、心を鬼にして白ご飯をガマン。したのに順路の最後にフレンチトーストのトラップが待っていて、思わず取ってしまった。これだけ食べてもダイエット中である。文句がある奴は表に出ろ。あとテーブルに「在席中」カードを置いて料理を取りに突進したが、リゾートだけに朝メシ会場が広くて、突進しすぎて自分の席がどこだったかわからなくなり泣きそうになった。しっかりしろ俺。

採食日／2018年1月5日　形態／和朝食

淡路第2プリンスホテル

【兵庫県洲本市】

MENU

味噌汁
ご飯
焼き魚
カニかまぼこ
レモンスライス
1/2枚
漬物
ハスのきんぴら
味付け海苔
サラダ

美食の島で待ち受けるトラップ！

淡路島は『古事記』や『日本書紀』で、山海の味覚に恵まれた美食の島「御食国（みけつくに）」として紹介されたグルメ島だ。淡路牛や「3年とらふぐ」など高級グルメの宝庫で、最近はタマネギも人気である。

島の中心街、洲本のホテルに2泊。予約時に朝メシを「和食」か「モーニング」から選べというので、初日は和朝食、2日目はモーニングにした。ってかモーニング？

年季の入ったホテルで、部屋のクローゼットを勢いよく開けたら倒れてきた（！）りしたが、メゲずに寝て起きて1回目の朝メシ。

採食日／**2018年1月6日**　形態／**モーニング**（雑誌ではない）

「和朝食ですー」

……え？　デカい白皿に小さな焼き魚と、カニかま1本を斜め切りにしたのがふたつ、レモンスライスの半月切りが1枚。御食国のホテルで、これがメインディッシュ？

皿の白さが目立つ。白い皿っていいねホワイト&ホワイト♪ってよくねーわ！　しかもレモンはオカズではなく薬味だ。魚に絞って皮を捨て、レモンがいなくなった皿は真っ白けのスッカスカ。カッパからげてスカスカ小唄。御食国でどーゆーことかねコレは！

2日目の「モーニング」は、トーストが皿の白さを埋めていたものの、やはり俺には少なかった。一方で、昼メシで入った観光向けレストランの淡路牛ステーキは、200グラム9200円！　スカスカ朝メシは、昼メシに大枚はたかせるための、島ぐるみの作戦か。恐るべし御食国。

MENU

トースト&マーガリン
ゆで卵
サラダ
オレンジジュース
ホットコーヒー

オーキドホテル

【香川県 土庄町】

採食日／2018年1月13日　形態／バイキング

大石先生も満足！醤油も選べる充実モーニング

『二十四の瞳』で大石先生が、チャリで駆け抜けた小豆島である。泊まったのは温泉付き観光ホテル。ビジホじゃないけど、料金がビジネス並みだったので紹介してしまうが、朝メシはなかなか素晴ら

MENU

小豆島の水、健康ドリンク「オランカ」
味噌汁、ままかり、ハム
サラダ with オリーブドレッシング
温泉玉子 with 選べる島のしょう油
湯豆腐、納豆、カレー
焼きおにぎり、筑前煮
サバの塩焼き
塩ジャケ、厚焼き玉子
焼きカマボコ、ミニオムレツ
ウインナー、わさびひじき
角切り昆布の佃煮
ヨーグルト with マンゴータピオカ

MENU

※初日とほぼ同じだが

「自分でつくるお茶漬け」
を実食

シャケ、梅、海苔、昆布を入れて漬物添え

ヨーグルトはパイナップルタピオカ乗せ

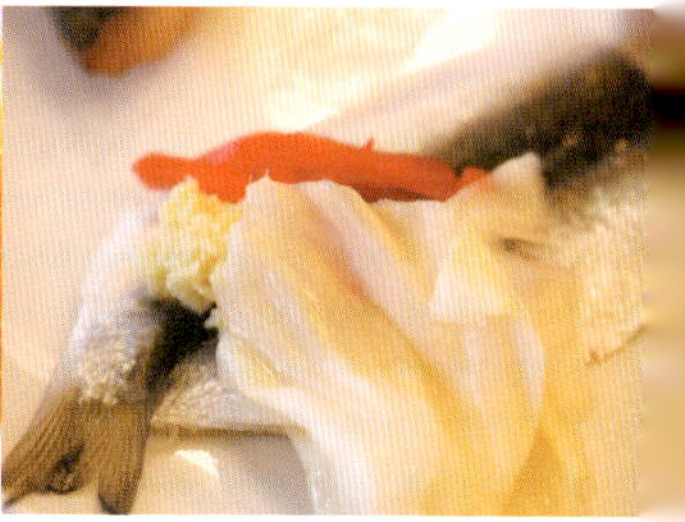

2018年1月14日　形態／**バイキング**

しかった。

小豆島はしょう油蔵が並ぶ、しょう油島。そして朝メシの温泉玉子コーナーには、島の各種しょう油がズラリ！　濃い甘口の「ヤマサン」をかけて食べた。ヤマサン事件です。殺しですボス。ってか美味かった。

また小豆島はオリーブオイルも名産で、パンコーナーに「トーストに島のエクストラヴァージンオリーブオイルをかけていいのよ」コーナーがあり、でもこの日はご飯で腹いっぱいになったので、滞在中に必ずヴァージンをいただくと（あ、オイルね）決めた。ってか２０１８年初摘みオリーブオイル、テーブルコショーサイズで２０００円！　ひと回りデカい５０００円のは、すでに売り切れたというから、日本にゃまだまだ俺の知らない世界があるにゃーと思った。

ほか岡山名物「ままかり」があったのと、「自分で作れるお茶漬けコーナー」に目が釘付け！　ただし連泊したら平日は客が少なくて和定食か洋定食か選べってことで、オリーブトーストもナシ。意気消沈していたら、隣で和定食を頼んだオジさんがいて、

「こんなに食べられないよー。俺ナットーだけでいいんだけどー」
と言い、ホテルの婦人に「ちゃんと食べなきゃ仕事できないわよー」と言われていた。しっかり定食が出てきたのに意気消沈した俺は、どうかしていたのかもしれない。結局2000円オイルを買い、自宅でトーストを焼いてヴァージン（オイルだっつーの）をいただいた。にゃははっ。ちなみに連日出てきた健康ドリンク「オランカ」とは？　おーい誰かオランカ！　この帽子ドイツんだ？　オランカ。オランダだっつーの。
滞在中の小豆島はクソ寒く、朝は氷点下。なのに俺は朝メシ会場に「Tシャツ＋チノパン＋ビーサン」で出かけて「外は氷点下ですよ」とホテル婦人に笑われた。そんなわけでなかなかよかった小豆島のホテルだった。

採食日／2018年1月15日　形態／洋定食

MENU

- コーンスープ
- サラダ
- ウインナー
- オムレツ
- ハム
- ヨーグルト
- オレンジジュース
- オランカ
- ロールパン
- ホットコーヒー

コラム⑮

朝メシの順路に物申す！

バイキング朝メシで、ときどき料理の並び順が、変なことがある。

理想の順番はサラダ→オカズ→ご飯とパン→味噌汁。サラダコーナーでは「ドレッシングをかける」作業があるから、この時点でトレー上に料理満載だとやりにくいので、サラダはしょっぱながいい。フルコースの順番的にも、サラダは最初がふさわしいし。不安定でこぼしがちな汁物は、最後がいい。大半のホテルは、この順番で料理が並んでいる。

だがたまに、順路の途中かしょっぱなに汁物を置く、トンチンカンなホテルがある。滑りやすいプラスチックのトレーに、タポタポ揺れる味噌汁を置きつつ料理を取るのは至難の業だ。こぼさないように落ち着いて、ゆっくりと —— そう思っていると必ず、

「ああーっ！」

と叫んで汁をブチこぼすオヤジがいる。必ずオヤジ。そもそもなぜ汁をしょっぱなに置くのか。平常心を鍛えるため、ホテルが客に修行を課しているのだろうか。

あと順路の中盤に、トーストを焼くためのトースターを置くホテルもセンスを疑う。イラつき気味に進む行列の途中に「すみませーん、パンを焼きます」と割って入る所在なさ。「割り込んでトーストを焼く、気のきかねー奴！」みたいな印象を与えて、どうもよくない。トースターは行列の流れからポツンと離れた、小島のような場所に置いてほしい。

そして理解に苦しんだのが、順路の最後が行き止まりというパターン。盛りに盛った料理の脇に汁まで乗せているのに、いま来た道を料理を取る人々の背中を「すみませーん、通りますー」と言ってスリ抜ける間の悪さといったら。ドライブスルーかと思って入ったら、まさかのバック出車みたいな。味噌汁こぼしなどのアクシデントを防ぐためにも、ホテルは順路をもっと考えてほしい。

え、フルコース順序なら、汁は最初じゃねーかって？　書いてて今気づいたよ俺も。

ホテル共和

【沖縄県宮古島市】

採食日／2018年2月23日　形態／バイキング

MENU

黒豆入りサラダ
オレンジ
ピンクグレープフルーツ
ゴーヤーチャンプルー
サバの煮物、コロッケ
チキあげ、肉じゃが
ウインナー、納豆
ゆで卵、味付け海苔
味噌汁、梅干し
漬物、佃煮、ご飯

宮古でいつも、ここに泊まる理由

ここは俺の宮古島での常宿だが、前回の宮古旅では満室で泊まれず、久々の再訪。

タクシーでホテルに着くと、女性スタッフがサササッと現れ、トランクから荷物を取り出し「お運びいたします」状態。さらに笑顔で「お久しぶりです」の一言も。フロントでもオジさんホテルマンが「お久しぶりですね」「お時間が合うときに飲みましょ

うね」とフレンドリー。日によっては一泊５０００円以下で泊まれるホテルで、こんな風にもてなされるから、いつも泊まってしまう。

そんな感じだから朝メシも大満足。出かけるときは「行ってらっしゃい」帰ってくれば「お帰りなさい」。ビジネスホテルでありながら、我が家のようだなと思ってしまう。

ここの宿泊歴は長くて、ＪＴＡ「Ｃｏｒａｌｗａｙ」で連載を始めた２００７年から、もう10年以上のお付き合い。その間フロントのオジさんは、ずっと同じ人である。

ホテルは港にも市街にも近くて便利。すぐ近くに漲水御嶽（びゃるみずうたき）という拝所があり、道にまたがって大きな鳥居が立ち、くぐった先にホテルがある。島民の信仰の拠り所である漲水さん（地元の人はそう呼ぶ）に護られて、このホテルも変わらないのかなーなんて思ったりする。漲水さんにはいつもネコがいて、御嶽を見張っている感じがして、なんだか不思議。とにかく共和に泊まらんと、俺の宮古旅は始まらない。

採食日／2018年2月24日

MENU

味噌汁、漬物
黒豆入りサラダ
オレンジ＆
グレープフルーツ
スクランブルエッグ
肉団子、塩ジャケ
ゴーヤー
チャンプルー
ソース焼きそば
納豆、ゆで卵
ヒジキ煮、梅干し
味付け海苔、ご飯
オレンジジュース

採食日／2018年2月25日

MENU

サラダ、味噌汁
ミートスパゲティ
スクランブル
エッグ
サバの塩焼き
肉じゃが
ウインナー
ワカサギのフライ
コロッケ、納豆
味付け海苔、ご飯
梅干し、ヒジキ煮
アセロラジュース

コラム⑯

突然起こる変なブーム！

某ホテルで朝メシの行列に並んでいると、それは突然起こった。俺より数人前に並んでいた男が、なぜかご飯を盛る茶碗にサラダを盛り出したのだ。

そいつはコメの代わりに、サラダを主食にしたかっただけなのかもしれない。だがその次に並ぶ気の弱そうな男が、真似をして同じように、茶碗にサラダを盛り始めたのだ。そしてさらに、その次に並ぶ男も！　なんだこの突然起こる「茶碗にサラダを盛っちゃう」ブームは！？

サラダを盛るのはそこじゃない！　俺は自分の番が来たらサラダは平皿に、茶碗にはご飯を盛り正しい流れに戻したが、いったい何が起こったのか。「前の人がそうするから、自分もそうしよう」と思った？　どの料理をどの食器に盛るか、そんな判断もつかないのかと、背筋が寒くなった。

しかし今度は沖縄のホテルで、違う理由でまた「妙なブーム」が起こった。この日のご飯は２つの電気釜に２種類、白ご飯とジューシー（炊き込みご飯）が用意されていた。俺は白ご飯を食べよう。と思っていたら数人前に並ぶ男がジューシーの釜を開け、茶碗に盛り、あとに並ぶ男に言った。
「開けたままでいいですか？」「は、はい」

なんと、次に並ぶ男は白ご飯が食べたかったのかもしれないのに、気を遣ってジューシーを盛る。さらに次に並ぶ人のために？ジューシーのフタは開けたまま。こうなると次の人も、ジューシーを盛らざるを得ない。

あっという間に「フタを閉める奴は気が利かない」雰囲気が蔓延し「ジューシー・ブーム」が起こってしまった。これはいったい？

俺は「白ご飯で納豆を食べる」強い意志をもって臨み、その流れは断ち切った。気を遣いすぎて自分を捨てる、あるいは見失う日本人。俺は気を遣う日本人が好きだが、こーいうところはしっかり自分をもたなければいけないとも思う。とにかく朝から驚いた。

東横イン石垣島

【沖縄県石垣市】

採食日／2018年3月5日　形態／バイキング

MENU

コーンサラダ
野菜の煮物
厚焼き玉子
ウインナー
味噌汁
ご飯
ふりかけ
梅干し
漬物
ヨーグルト
（イチゴ&パインソース）

離島行き船から、とりあえずよく見える

「ついに石垣島に東横インができる！」と聞いたとき、八重山旅人の間にはちょっとした激震が走ったものだ。沖縄旅人の中でも、石垣島を軸とする八重山諸島ファンは多くて、俺たちの癒しの聖地・石垣にもとうとう東横インがオーマイゴッド！　みたいな感じだったが、できてみりゃ何てこともない。市街の中心から少し遠いので、街の景観を乱す感じでもなく、まあホテルが一軒増えたなという程度である。というか市街の中心も新しいホテルだらけで、台湾から来たツアー客がビル街の風景を見て、

トースト with
ジャム&マーガリン

コーンサラダ、春雨サラダ

ハンバーグ、ご飯、梅干し

味噌汁、ウインナー、漬物

ふりかけ（ゆかり、焼肉）

ヨーグルト with
イチゴ&パインソース

採食日／2018年3月7日（3日目）

採食日／2018年3月6日（2日目）

MENU

味噌汁、豆腐、サラダ

キンピラゴボウ、梅干し

イワシの煮付け、漬物

ご飯、ふりかけ（ゆかり、野菜）

ヨーグルト with
イチゴ&パインソース

ホットコーヒー

「期待していた石垣島の風景と違う！」と怒ったそうだ。何も怒らなくてもいいと思うが、ここ10年ほどの石垣島の都会化は、確かにちょっとやりすぎかなとも思う。東横インができたできないに関わらず。

朝メシはごくノーマルな東横イン風で、不満もないが特筆するべき点もない。オキナワらしさも、食後のヨーグルトにパインソースがあることくらいか。3連泊したら3泊目の朝はハンバーグが出て、けっこう満足した。「ああ石垣島に来たなあ」という感慨は特にないが、最近は全国どこに泊まっても、そんな感じではないだろーか。

松金ホテル

【沖縄県 伊平屋村】

採食日／2018年3月9日　形態／朝定食

MENU

味噌汁
ご飯
白菜炒め
梅干し
キムチ
塩ジャケ
玉子焼き
オニオンスライス
海苔
納豆
その上にミカン

採食日／2018年3月10日　形態／朝定食

島のホテルで心づくしの朝ごはん

正方形のお盆にきっちり9皿。一見して特筆すべき朝メシではないと思うかもしれないが――ここは離島のホテルである。

沖縄県で、人が住む島としては最北の、伊平屋島。沖縄の島にしては、観光客は多くない。本島と島の間をフェリーが1日2往復しているが、冬場は海が荒れて船が出ないことも多い。最近、新造船が就航して出航率は向上したが、でも船が止まるときは止まる。

船が止まると島は、商店から食料品がどんどんなくなってしまう。大陸の都会とはワケが違うのだ。そんな中で暮らす島の、家族経営の小さなホテルできっちり9品。ありがたいというほかに言葉がない。

小さなヤカンのような急須の下には、手編みの鍋敷きが敷かれていた。鍋敷きひとつとっても、都会のように百均に行けば手に入るわけじゃないから、手作り。納豆の上のミカンも含め、小さなことの一

MENU

味付け海苔
サバの塩焼き
インゲンのおかか和え
納豆＆みかん
目玉焼き
漬物、梅干し
もずく、ご飯
アサリの味噌汁
ホットコーヒー
レーズン入りサーターアンダギー
ひとくち黒糖

つひとつに温かみが感じられる。

2泊して、2回目の朝もやはり9品。食べ終わってボーッとしていると、厨房のご婦人が「コーヒー飲みます?」と勧めてくれた。そして初日は気づかなかった、デザートに用意されたレーズン入りサーターアンダギーもいただき、穏やかな食後のひととき。

ミカンかと思ったら、シークワーサーだという。「赤く(黄色く)なったものは、クガニ(黄金)と言います」とご婦人。そしてこの日は3月頭で、沖縄も冬は一応寒いのだが、ようやく寒さがやわらいできた。

「もう寒いのは終わりです。沖縄ではワーリービーサーと言います」

静かな平日の朝。9品きちんと並べる律儀さも手伝い、実に満ち足りた朝メシだった。

ホテルは観光客も出張客も迎える、昔からある一軒。建物は年季が入っているが、掃除が隅々まで行き届き、快適に過ごせた。また泊まりたい宿である。

ホテルパークスタジアム那覇【沖縄県那覇市】

採食日／2018年3月11日　形態／バイキング？

MENU

プッシュ式味噌汁
きんぴらゴボウ
厚焼き玉子
春雨サラダ
肉団子
味付け海苔
カリカリ小梅
ご飯

取り放題だけど、バイキングじゃない？

運動場のような名前だがホテルである。奥武山《おうのやま》運動公園の真ん前にあるので、そんな名前なのだろう。そして試合か合宿か、野球少年が大量に泊まっていた。

んで朝7時からメシなので6時50分に朝メシ会場に行くと、すでに野球少年と監督でいっぱい。まあ仕方ねーかと思いつつメシ行列に並ぶと、妙な貼り

コラム⑰

恐怖の味噌汁

あるホテルの味噌汁に、麩が入っていた。これはもしかして……恐怖の味噌汁！

悪の十字架。猫の怨念。怪談お岩。「鶴光のオールナイトニッポン」を思い出す俺はもう若くない。というわけで味噌汁の話である。

ビジホ朝メシ味噌汁は「お椀に入っている乾燥具に、具なしの〈かけ味噌汁〉をジャーッと注ぐ」パターンが多い。味がどーこーじゃなく作り方が「あさげ」を連想させ、俺は抵抗がある。ポットに入った「かけ味噌汁」を、栗原小巻的にジャーッと押すパターンもあったが「エサ」って感じで苦手だ。

沖縄の食堂では、味噌汁によくスパムが入っている。それを作ろうとしてスパムがなかったのか、名護ルートインではベーコンが入っていた。味噌汁にベーコン！　けっこう美味かったので、今度自分でもやってみよー。

というわけでアナタの家の、今日の味噌汁の具はなんですか？　階段は何段ありますか？　階段多いわ（怪談お岩）この家。


紙が目に留まった。

「朝食は、バイキングではありません」

？？？　料理が並び、手に持った皿に、めいめい好きなものを好きなだけ取るこの状態が「バイキングじゃない」とはいったい？　並び直しは禁止ってこと？　よくわからん。

そして少年たちが長蛇の列をなす先には、トーストコーナー。白ご飯コーナーはガラ空きで、おかげで並ばずに取れたけど、これから試合か練習なのに、トーストで腹が持つのだろーか。今どきの子だね、なんだか。

オカズは不満こそないが、特筆することもなかった。味噌汁は乾燥具がお椀に入っていて、そこにプッシュ式の機械で汁をジャーッと注ぐシステム。全体的に手作りの温もりを感じない朝メシだった。場所柄アスリートも多く泊まるようだから、もっと合宿所のお母さん的な温かみがあるといいのだが。

全体的に、つかみどころのない不思議なホテルだった。なんだかね。

リゾート・シーピロス

【東京都八丈町】

採食日／2018年4月10日　形態／バイキング

MENU

明日葉茶、トマトジュース
サラダ with シーザードレッシング
トマトと卵のスープ、ハム
白菜とチキンのクリーム煮
スクランブルエッグ、漬物
ブロッコリーと卵のサラダ
出し巻き玉子、サバの塩焼き
ウインナー、カボチャのサラダ
自家製なめたけ、焼き海苔
明日葉のゴマあえ，ご飯
島大根のそぼろがけ、梅干し
佃煮、納豆、生卵 with だし

島で採れた野菜に舌鼓ポン！

伊豆諸島の南部、八丈島のホテルである。ビジネスホテルではないどころか、新婚旅行でも泊まれてしまいそーな海沿いのプチリゾートホテルである。ロビーにエマニエル夫人が座りそーな藤《とう》のイスが置いてあったりして、短パンでうっかりすわってくつろいだら、モモ裏に藤家具の細かい網目模様がビッシリくっきり付いていて驚いた。ブタに真珠、デブ

採食日／2018年4月11日

MENU

明日葉茶、トマトジュース、スクランブルエッグ
サラダ with ゴマドレッシング、自家製なめたけ
島しいたけのクリームスープ（激旨！）、肉豆腐
ベーコン、塩ジャケ、カボチャのサラダ、
漬物、明日葉のゴマあえ、温泉玉子
納豆、海苔、佃煮、ご飯

に藤家具。デブとリゾートは水と油ってことか。

そんなシャレオツなホテルだが、オンシーズン突入前しかもGW前のせいか、安く泊まれた。なので紹介してしまう。

そして朝メシは美味かった。八丈島自体がそんなに面白い場所じゃないので、朝メシもどんなものかと思ったら、とっても美味かった。特に白菜とチキンのクリーム煮と、島大根のそぼろがけが絶品！　きちんと料理している上に、何といっても島で作った野菜が美味いのだろう。なめたけも自家製だし、玉子かけご飯にダシを添えるなど、細部にわたって努力のあとが窺える。

八丈は実は、都心から近い。羽田から飛行機で、1時間足らずで行けてしまう。そのせいか島の集落も意外に都会めいていて、気取ったオーガニック（嫌）レストランとか意外に多くてそんなわけでそんなに面白くない。八丈島のキョンは会えるが、不愛想なので気をつけろ。まあ次は新婚気分で行けたら、面白いかもね。って誰と？

博多第一ホテル

【福岡県福岡市】

採食日／2018年4月15日　形態／バイキング

MENU

貝汁
もずくの酢の物
ゴマ豆腐
めんたいこ
筑前煮
サバの塩焼き
ハム
梅干し
漬物
ご飯

巨大貝汁の圧倒的存在感

ホテル1階が居酒屋で、朝メシもそこで食べる感じである。和朝食と洋朝食のどちらかを選ぶ状態で、どっちも750円。だけど＋350円で「貝汁」を付けられるというので付けた。シメて1100円、朝メシとしてはちょっとリッチかもね。

んで会場が居酒屋だけに、厨房に白い料理着の板前さんがいたりして。そして貝汁が写真の通り、デカいんでビックリした。博多で貝の味噌汁というと、こんなにデカいのが普通なのか？　アサリが10個以上入っていて、無駄なくチマチマと全部食べて、なかなか満足のいく朝メシだった。博多らしく筑前煮も出てきたし。

　ってか和朝食か洋朝食を選ばせるパターンでいつも思うのだが、洋朝食のオカズをご飯で食べたいときは、どーすればいいのか。俺はベーコンエッグをそのままご飯に乗せて、黄身をつぶしてグジャグジャさせて食べるのが好きなのだが（子どもか）。あと食べ終わってから単品で、生卵と納豆を付けられることにも気づいたが、時すでに遅し。貝汁でぜいたくしたから、まあいっか。

東横イン対馬厳原

【長崎県対馬市】

採食日／2018年4月16日　形態／バイキング

MENU

炊き込みご飯
レーズン入りロールパン
黒糖パン
マーガリン＆ジャム
ソース焼きそば
インゲンのゴマあえ
厚焼き玉子
ウインナー
ポテトサラダ
アオサ入り？味噌汁
漬物

大行列の韓国ご一行様が見たものは？

長崎県第三の東横インが、対馬にできた。日本人はあまり行かない対馬だが、最近は韓国から日に何便も船が来て、韓国人観光客がなだれ込み盛り上がっている。

対馬の中心街、厳原にできた東横インは高層14階建て。それが夏のオンシーズンは満室になるというから凄い。俺が泊まったのは4月だったけど、それでも大量の韓国人が泊まっていた。夜12時を過ぎて

採食日／ 2018年4月19日

MENU

炊き込みご飯
ソース焼きそば
玉子焼き
ウインナー
ポテトサラダ
インゲンのゴマあえ
漬物
アオサの味噌汁

も、部屋のドア開けっぱで大宴会してて、うるせーのなんの南野陽子。あまりのうるささにブチ切れて、「テメーら静かにしろ！」と怒鳴ったり大変だった。そんな韓国人だらけの中、朝メシである。開始10分前のロビーに、韓国人が100人以上！ 俺は朝メシにありつけるのか？

と戦々恐々としていたら「開始と同時に日本の高齢者グループが料理陳列台を占領」事件が発生したのは、既刊『突撃！島酒場』（イカロス出版／絶賛発売中！）に書いた通り。買ってねん。俺たち日本人も、中国人や韓国人のマナーの悪さを非難している場合じゃない。そして日本も超高齢化社会に向かっていく。何だか恐ろしいね。

一応「当ホテルの朝食PRポイント」として「味噌汁に対馬特産のアオサを使っているニャン」と対馬ヤマネコが言っているテイで書いてあったが、それどころじゃなかった。とりあえず対馬は大変なことになっている。面白い場所だけどね。

梅屋ホテル

【長崎県対馬市】

採食日／2018年4月17日　形態／朝定食

MENU

ご飯、生卵
豆腐とワカメの味噌汁
塩ジャケ
冷奴
キンピラごぼう
大根と白菜の漬け物
カマボコ
昆布の佃煮

国境の街で、穏やかな朝のひととき

対馬の北端の中心街、比田勝《ひたかつ》の老舗ホテルである。韓国の釜山から日に何便も高速船が着くので、昼間の比田勝は韓国人で大にぎわい。でもこのホテルは韓国の客もいなくて、静かで落ち着いて過ごせた。

国境に浮かぶ朝日を眺めて1日が始まり、そしてこの朝ご飯。穏やかな雰囲気の中で食べる、あまりにも基本的な朝メシに、心が洗われた。生卵を乗せた、穴あきフタつきお椀が何とも懐かしい。そういえば昔は、こんなお椀がどこにでもあったよなー、と思ったりして。

ご主人は丁寧なかたで、出かけるときは「行って

コラム⑱
「いただきます」が聞きたくて

あるホテルの朝メシで、隣にモッサリしたお兄さんが来た。ボサボサのロン毛に無精ヒゲ。だが食べる前に彼が手を合わせ「いただきます」と言ったので、見直してしまった。

それはいいのだが「いただきます」を言うとき、手を合わせつまり「合掌」する人が多いけど、アレは全国的にやるものなのか。ちなみに俺はやらないけど。

疑問に思いググったら調べた人がいて、東北、北海道は「いただきますは言うけど合掌はしない」が多数派だそうだ。俺も合掌しないのは、北海道生まれだからだろうか。そして西日本ほど合掌率は高く、でも愛媛県は「いただきますを言わず、合掌もしない」人が多いとのこと。愛媛は合掌しそーなイメージだけどね。

とりあえず朝ご飯が出てくるのはありがたい。ひとりだと無言で食べ始めることが多い自分を反省しつつ「いただきます」「ごちそう様」は、ちゃんと言おうと思ったのだった。

採食日／2018年4月18日

MENU

ご飯、ワカメの佃煮、漬物、焼き魚、目玉焼き
ハム、ホウレン草のゴマあえ、味噌汁、味付け海苔

らっしゃいませ」と見送り。食事のあとも「ごちそう様でした」と言うと「おそまつ様でした」と言葉が返ってきて、気持ち良かった。前日の厳原の狂乱ぶりがウソのよう。対馬までは行っても、比田勝まで足を延ばししかも泊まる人は少ないと思うけど、俺は厳原より比田勝が好きかなー。

ビジネス スカイシーホテル

【長崎県平戸市】

採食日／2018年4月21日　形態／バイキング

採食日／ 2018年4月21日　形態／バイキング

種類が多すぎて、気絶しそうになった！

なんとここに来て、本書最多メニュー数を誇るホテルが突然登場。同じ平戸の別のホテル（Ｐ60）は簡素な朝メシだったのに、これはいったい？　ザビエルもビックリして布教を忘れる、超パワフルモーニングである。

ホテルは年季が入っていて、今さら何かに気合いを入れる感じでもなかった。だからこの朝メシの種

MENU

麩と海藻の味噌汁、梅干し
魚の味醂漬け、魚の南蛮漬け
キンピラごぼう、漬物いろいろ！
ストローかまぼこ、佃煮いろいろ！
揚げかまぼこのスコッチエッグ
煮豆、小魚、鶏の唐揚げ
ウインナー、ボローニャソーセージ
肉ナス炒め、チキン照り焼き
厚焼き玉子、ゆで卵
タケノコの煮物、めんたいこ
ホウレン草のおひたし
クロレラバッカル
ソース焼きそば、ご飯

採食日／2018年4月22日

類の豊富さは予想外。とにかく漬物や佃煮など「白ご飯のオカズ」が多くて、さすがに「バイキング殺し」全種類採食はできず。盛れるだけ盛ったが、あきらめた料理も多かった。いや凄い！

これだけの種類をそろえながら、手作り感が爆裂しているのも見逃せない。料理の下にアルミ箔が敷かれ「運動会でゴザ敷いて囲む母の手作り弁当」みたいな温かみが感じられる。朝メシ会場では「おはよーございまーす」とお母さんが迎えてくれたが、お母さんひとりで全て作ったのだろうか。

ストローの束に囲まれたカマボコは、平戸名産「すぼかまぼこ」。なぜ板ではなくストロー？　でもストローをはぎ取ると、カマボコにギザギザ模様がついていて楽しい。トビウオで作るカマボコで、地元の人はオーブントースターで炙って食べるんだとか。ほかに揚げカマボコの中にゆで卵を入れたスコッチエッグもあり、平戸はカマボコ料理に燃える場所なのかなと思った。

納豆もあったが、ほかが凄すぎて、初日は食べるのを忘れた。凄かった。マジで！

種子島あらきホテル

【鹿児島県西之表市】

採食日／2018年4月24日　形態／和定食

MENU

ご飯
モヤシの味噌汁
チクワの中にキュウリ
キャベツサラダ
タクアン、梅干し
厚焼き玉子
シシャモ＆大根おろし
納豆
味付け海苔
マカロニサラダ

宇宙の島の朝メシはオーシャンビュー！

海が目の前のホテルで、しかも朝メシ会場は5階である。景色がいいのなんの南田、じゃなくて南野陽子。7時ちょうどに『われは海の子』メロディでチャイムが流れる中、絶景モーニングとシャレこんだ。

朝メシ開始時間に全然客がいなくて（きっと皆さん、前夜に島の焼酎「甘露」を飲みすぎたのだろー）せっかくの展望レストランにオイラひとり。席につくとお運びのお母さんが、ご飯と味噌汁を持って

採食日／ 2018年4月25日

MENU

ご飯、味噌汁、クラゲのあえもの
さつま揚げ、厚焼き玉子、納豆
サバの塩焼き、大根おろし
味付け海苔、梅干し
漬物、キャベツサラダ

きてくれる。料理の配置を整えてカメラを構え、パシャッ。

——はっ、強烈な視線！　お母さんが、料理にカメラを向ける俺をガン見している。微笑みながらも複雑そうな表情に「コイツは何をしているのかしら？」と書いてある。そんなに見ないで！　どこ見てんのよサヤカ青木サヤカ神田！

　ドギマギしながらも撮影し、何食わぬ顔して食べ始めると、お母さんがこっちに来て、

「カメラ、お好きなんですか？」

と聞いてきた。構わんといてください。

　朝メシはご覧の通り、いつもの俺にとっては少なめだが、前夜「甘露」を浴びるように飲んだので、これでちょうどいい。ちなみにこのホテル、夏の間は屋上がビアガーデンになるそーだ。「夕日がきれいですよ」と島の人が言っていた。島の海沿いホテルでビアガーデン、かなりいいかも。

東横イン鹿児島中央駅東口

【鹿児島県鹿児島市】

採食日／2018年4月26日　形態／バイキング

MENU

味噌汁
納豆
サラダ
肉ダンゴ
春雨サラダ
厚焼き玉子
切り干し大根
ご飯
ゴマ塩
梅干し
漬物

イチ押しは野菜でごわす！（→西郷どんのつもり）

最近の東横インは「当館の朝食のPRポイント」を掲げ、それぞれ努力している。んでここ鹿児島のPRポイントは何かにゃー。黒豚か、それともサツマ揚げか。

「当館の朝食のPRポイントは、フレッシュな野菜！」え、そこ？　そして朝メシ会場に行き、皿を手に並んで驚いた。

なんと順路の最初に味噌汁が！　味噌汁係？のお

コラム⑲

朝メシとウ●コの微妙な関係

朝メシ会場に荷物と共に現れ、食べたらそのまま出かける人が信じられない。俺は食べたあと、必ずウ●コをしたくなるから！

朝起きた瞬間にドカン、朝メシ後にもまたドカンと出す俺は異常なのか。そして食後1時間は、いつ便意が襲来するかわからないので、見知らぬ地方ではウカツに出かけられない。だから出発の1時間前に朝メシが終わるよう、逆算してスケジュールを立てている。

そんな俺だから、ホテルのトイレはウォシュレットが付いていてほしい。たまに古いホテルで付いていないと「ああ、しばらくケツを洗えないのか！」とガーンとなる。と思っていたら本書でも書いたように、まさかの東京ホテルで付いていなかった。東京もしっかりしてほしいものだ。

こういう話をメシ本で書くのは下品？　でも食べれば出る、セットだから、そこまでフォローするのがメシ本の責務である。ひと休みしてトイレでも行ってくっか！

母さんが、1杯ずつ盛って「はい」と渡してくれるのだが、味噌汁を持ちつつその後の料理を取るのは難しい！料理の上でこぼしたら人間失格なので、細心の注意を払って料理を取り、なんとか席へ。緊張した。ここの朝メシは平常心が必要だ。

と思った次の瞬間「おーっとっとっと！」とか言ってこぼすオヤジがいた。こういう場合こぼすのは、必ずオヤジだ。なぜこぼすんだオヤジ。

おかげで「フレッシュな野菜」のことを、完全に忘れていた。あとで写真を見たら、けっこうガバッとサラダを盛っているので、まあ美味かったのだろう。最初に味噌汁ってのは、できれば考え直してほしい。味噌汁ファースト。そういえば都民ファーストのガキは今どこに？

三沢シティホテル

【青森県三沢市】

採食日／2018年5月8日　形態／バイキング

MENU

リンゴジュース、味噌汁
千切りキャベツ、ハム
マカロニサラダ、切り干し大根
切り昆布の佃煮、ヒジキ煮
高野豆腐の煮物、魚の南蛮漬け
塩ジャケ、ウインナー
スクランブルエッグ、厚焼き玉子
肉ダンゴ、ツナキャベツ
温泉玉子、ゆで卵
納豆、漬物
味付け海苔、梅干し
佃煮、ふりかけ、ご飯
カレー、ポテトサラダ

北の米兵、シャケに祈りを捧ぐ

青森県の米軍基地の街・三沢である。基地の街は沖縄だけじゃないのである。そして基地の街だけあってアメリカ人がたくさん泊まっていて、彼ら向けなのか朝メシのメニューも種類豊富だった。ってか高野豆腐とか、アメリカ人は食べるのだろーか。

全種類ひとつかみずつに抑えても、そんなわけで

けっこうな量。アメリカ人だらけの朝メシ会場でワシャワシャ食べていると、

「グッドモーニング！」

と言って、大きな黒人さんが来た。彼はアメリカ人？　ポヤンポヤンのロンゲはむしろジャマイカ人のようで、口パク疑惑で話題になったミリ・バニリ（ジャマイカ人じゃないけど）を思い出す。

彼は山盛りサラダの上に、マカロニをどっちゃり乗せると、その上に真一文字に塩ジャケを置いた。そして席に戻ると、

「アーメン」

と言って十字を切り、ブツブツお祈り。敬虔なクリスチャンなのだろーか。でも彼の前には塩ジャケが。シュールだ。

殊勝な祈りっぷりとは裏腹に、彼は豪快にサラダを食べ始めた。そしてシャケもバクバク食べたが……。

ああ、なんてことだ。彼はシャケの皮を残して食事終了。皮がいちばん美味いのに！

シャケの皮の美味さは、日本人にしかわからないのかなー。もったいない。アーメン。

コラム⑳
NHK「まちかど情報室」に物申す

「ビジ山メシ子さんは焼肉が大好き。でも食べるとき、洋服に匂いがつくのがイヤ。そこで見つけたのが」メシ子「これです！」

……またコレか。ビジホ朝メシ会場のテレビでよく見るNHK『おはよう日本』のコーナー「まちかど情報室」に疑問がある。

不可解なコーナーだ。商品を愛用する人を紹介し、メーカー名は言わない。何を伝えたいのか。出演する素人を募集する気配もないが、この人々はどこから探してきたのか。

そして同じVTRが繰り返し流される。一方で俺はあるとき、著者としてNHKから取材されたのだが、オンエア予定時間に流れなかった！

家族友達に「出るからね！」と宣伝しまくっていた俺は赤っ恥。頭に来て番組ディレクターに電話すると、奴はこう言った。

「島根県では流れました」

……正体不明の素人を2回も3回も流す一方で、俺のVTRが飛んだ理由は？　謎が謎呼ぶ公共放送。受信料返せドアホ。

ホテル・エルファロ

【宮城県女川町】

採食日／2018年5月9日　形態／本日の朝ごはん

MENU

銀鮭の焼き物
きんぴらごぼう
シイタケの旨煮
小松菜のおひたし
鶏しんじょう
海苔の味噌汁
ご飯
（宮城県産ひとめぼれ）
納豆
温泉玉子
漬物
ふりかけ
（ホタテ、サンマ）

心温まる朝メシで絶賛復興中！

3・11東日本大震災で大被害を受けた女川町である。海沿いの街のほとんどが流されてしまい、震災から7年経った採食当日も大・復興工事中。その進展はまだ――2、3割くらいだっただろうか。状況はかなり厳しいが、それでも復興は続いている。

そんな女川町の、女川駅前にホテルができた。震災前に町にあった、旅館ほか数軒の宿が合体して生

まれたホテルで、形態はトレーラーハウスである。少し前まで駅からかなり遠い場所にあったのが、めでたく駅前に移ったので泊まってみた。

トレーラーハウスは、よくここまで設備を整えたねって感じ。エアコン完備で快適で、天井ではファンがファンファン回って何だか優雅。快適な一夜を過ごし、朝食棟でお楽しみの朝メシである。

手作りで美味しかった。シャケに大根おろしとハジカミが付いて、ちゃんとした店のランチのよう。鶏しんじょうが特に美味しい。バイキングだったらお代わりしただろう。ご飯も県産の「ひとめぼれ」で、ふっくら炊きたて。全部美味しくいただきました。

女川の復興は正直、7年かかってやっとここまでか、という感想。前途は険しいが、漁業を軸に持ち直すことを期待したい。ってか刺身もサンマも美味いし。まずはお泊まり付きで出かけてみよー。

某島の某ホテル

【沖縄県】

採食日／2018年某日　形態／朝定食

MENU

味噌汁
パパイヤチャンプルー
島産卵の目玉焼き
ハム
島産野菜のサラダ
ポテトフライ
魚の唐揚げ
マグロの刺身の漬けの山かけ
漬物
ご飯
納豆
ホットコーヒー

朝メシは美味かったが、大アクシデント発生！

この宿だけ匿名の登場である。ホテル側に全く落ち度はないが、アクシデントでホテル名を書けなくなった。

この島もホテルも何度か行っている。ホテル近くの居酒屋でも、ご主人と話が弾み、再訪した。そこで――メニューに載っていた、ある酒を飲んだ。度数の強い島酒を、さらに缶チューハイで割った代物。ジョッキにナミナミ注がれたその酒を、俺は飲み干した。

店を出た所までは覚えているが——そのあとの記憶がない。……ハッと気づくと、俺は道ばたに立っていた。店を出てから1時間が経っている。1時間、俺は意識を失ったまま立っていた？ ホテルに戻ろう。

部屋にたどり着き、寝る前にトイレ。洋式トイレの便座に、俺は倒れ込むように座り込んだ。次の瞬間。

バリン！ 背中の後ろで物が割れる音。87kgの体重で倒れるように座ったため圧がかかり、トイレのタンクが側面から割れてしまった！ ヒビが入り、水がポタポタ漏れだす。だが俺は——そのまま寝てしまった。

翌朝、水滴の音で目が覚めて、事態の重大さに気づいた。ホテルのご主人？に部屋に来てもらうと、彼は絶句して、

「……これは弁償してもらわないとね」

と言った。請求額は22万4千円！

島の郵便局で、我が子のように可愛い22万4千円を下ろし、俺は払った。その日のうちに島を出たが、俺の目の前でホテル主人と修理業者がスケジュールをめぐってモメたり、いたたまれなかった。逆恨みだが「この島、2度と行かねー！」と思ってしまった。

帰京して1か月半後、ホテルが保険に入っていたおかげで、22万4千円のほとんどが返ってきた。一応一件落着だが、再びその島をわざわざ旅行先としては選ばないだろうと思った。まあ島もホテルもいい迷惑である。

朝メシ写真はトイレ破壊前に撮った。島の食材を多く使った、いい朝食である。

俺の逆恨み。それはわかっているが、居酒屋で出てきたあの酒は、何だったのか？

後にも先にも、あんな酔い方をしたことはない。あの酒には何が入っていたのか。

東横イン熊本駅前

【熊本県熊本市】

採食日／2018年5月30日　形態／バイキング

MENU

カレー
炊き込みご飯
レンコンサラダ
カボチャサラダ
野菜の酢の物
冷奴
ワンタンスープ
漬物
梅干し
枝豆入り切り干し大根

遥か下界を眺めつつ摩天楼モーニング

「お部屋は24階でございます」と言われ「ひえーっ！」と驚いた。なんと27階建て！　こんなに背の高い東横インは初めてだ。

熊本駅前の「何にもなさ」にも驚いた。繁華街は駅から遠く、市電で移動して行かなければいけない。というわけで、何もない駅前に27階建ての東横インがドドーン！　なかなかシュールな熊本駅前なのである。

そして1フロアの面積は広くなくて、27階建ての割に朝メシ会場はこぢんまり。混みそーだなと思い、開始10分前に会場へ。

採食日／ 2018年5月31日

MENU

ワカメご飯、ご飯の友（ふりかけ）、梅干し
漬物、大根サラダ、肉ダンゴの煮物
オクラ入りとろろ、マカロニサラダ
油揚げとブロッコリースプラウトの味噌汁

案の定、開始10分前に料理の前にデンと立ち、動かざること岩のごとしオヤジ1号が。厨房の婦人が「6時半からです」と言っても「わかっています！」と仁王立ち。結局そんなに混まなかったけど、全くオヤジって奴は。

無事に朝メシスタート。ご飯が炊き込み↓白↓ワカメの順で並んでいて、俺が炊き込みご飯を盛っていたら、後ろに並んでいたオヤジ2号が俺の目の前にニューッと手を伸ばし、白ご飯をよそい始めたので「待てよテメー！」と思わずガンを飛ばしてしまった。本当に、ああもう本当にオヤジって奴は。

そんなこともあったが、料理は細かい工夫が多くて美味しかった。初日のワンタンスープとレンコンサラダは、実にいい仕事ぶりで二重丸。2日目に出てきた熊本名物のふりかけ「ごはんの友」もさりげなく満足。熊本も絶賛復興中なので、ぜひ出かけよー。

北海道第一ホテルサッポロ

【北海道札幌市】

採食日／2018年7月22日　形態／バイキング

MENU

ご飯、漬物
春雨サラダ
玉子サラダ
マカロニサラダ
キンピラごぼう
塩ジャケ
厚焼き玉子
野菜の煮物
枝豆とエビの炒め物
ヒジキ煮、温泉玉子
ウインナー
納豆、味付け海苔
オレンジジュース

シャケの薄さにイチャモンつけてる場合じゃない!?

この日は夏休みに入りたての週末。札幌のホテルはどこもいっぱいで、空いていても1泊2万5千円とかで、さあどうしたもんかと思っていたら直前にここが空いた。

朝メシはホテル1階のカフェで。ご覧の通り品数は多いのだが、シャケの薄さに象徴されるように、

コラム㉑

朝メシを食べられなかった頃

というわけで全国で朝メシを食べまくった俺だが、実は「朝メシを食べられない」時期があった。あれは3年前、じゃなくて20年以上前。新卒で勤めた会社で営業に配属された俺は、ノルマを達成できずストレスでおかしくなり、朝メシを食べられなくなったのだ。

当時は実家にいて、母が朝食を作ってくれた。残すと心配するから詰め込むように食べ――それも途中からできなくなり、一口食べただけで吐き気がして「このままではダメになる」と決心して転職した。そうしたらまた、普通に食べられるようになった。転職で収入は減ったが、つくづく辞めてよかった。

朝メシは心身共に健康のバロメーター。朝から全種類「バイキング殺し」をやらかし、カレーだトーストだと食べまくれるのは、幸せなことなのだろー。しかもそれを仕事にして、こーして本まで出せてしまうのだから、俺は恵まれている。あのままあの会社にいたら、俺は生きていたのかなー。

なんとなく素っ気ないメシだった。北海道に行くと、安いホテルの朝メシでも、ついつい質を求めてしまう。シャケはもっと分厚くしてほしい。

なーんて思っていたら、この1か月半後に大きな地震が起こってしまった。北海道生まれの自分としては、他人事ではない。インフラを含め徐々に復興の様子なので、とりあえずまた行かなければ。

シャケが薄い？　そんなぜいたく言えるのも平時だからだね。日本はどこにいれば安全なのかな、もう。

水戸リバーサイドホテル

【茨城県 水戸市】

採食日／2018年8月11日　形態／バイキング

MENU

油揚げの味噌汁
千切りキャベツ
ポテトサラダ
モヤシとハム
タケノコの煮物
ヒジキ煮、ふりかけ
ボイルウインナー
魚のフライ、ご飯
厚焼き玉子、かつ煮
サバの塩焼き、漬物
コンニャク煮、納豆
オクラのおひたし
カレー、切り干し大根
セルフ目玉焼き

目玉焼き 自分で焼いちゃう 水戸の朝

茨城の大洗で開催されるビーチレスリング大会に急きょ出ることになり、慌てて泊まった水戸のホテルである。試合前の朝メシとしては少々食べすぎか？　そことは関係なく、試合はすぐ負けた。ぶにゃーん。

川沿いの古いホテルだが、細かい工夫が多くて面白かった。まずフロント前にカキ氷機があり「ご自

由にどうぞ」状態。カキカキかいて、シロップをチュバーーッ。イチゴとメロン、ブルーハワイを全部かけたら食べ物とは思えない色になった。氷ブルーハワイを、わざわざ金払って注文する奴っているのかな？　ほかに「お子様限定うまい棒サービス」もあり、お子様のフリをして取りそーになった。

あと入口に「お出かけ前の身だしなみに」の一言を添え、靴磨き機が置かれていた。これが昭和の香り爆裂の代物で『遊星王子』を思い出した俺は、もう若くない。

そして朝メシ。種類は豊富だけど、まあ普通かなーと思ったら、一通り取って食べ終わったタイミングで、それを発見した。

ホットプレートが置かれ、自分で目玉焼きを焼いていいという。これは焼くしかない！　焼いて食べた。

そばになぜか「フライ返しとフライパンを持ったシェフ姿の高橋真麻」のポスターが貼られていた。真麻ポスターは館内の数か所に貼られ、中には父と一緒のもあった。稼ぐ父娘である。

石巻グランドホテル

【宮城県石巻市】

採食日／2018年9月3日　形態／バイキング

この広い朝メシ会場いっぱい！

ブッキングサイトで6000円台で取ったホテルなので、何の期待もしないで出かけたら、ありゃま豪華じゃあーりませんか。

6階建てで高さはそんなでもないが、敷地が広くてデカい！　朝メシ会場にもなる1階レストラン「トラットリア　アゼリア」の、まあ何とデカいこ

MENU

ワカメの味噌汁、冷奴
山芋千切り、サラダ
ベーコン、笹かまぼこ
スクランブルエッグ
海苔、筑前煮
サバの塩焼き
タラコ、ヒジキ煮
自家製漬物
ご飯
（宮城県産ひとめぼれ）
イクラ、納豆
本日のカレー

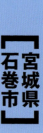

と！　部屋はさすがにビジネス仕様だったけど、水回りがキレイでちょっぴりリゾート感も。こりゃ朝メシも期待できそーだってんで、寝て起きてイソイソと朝メシ会場に向かった。

美味かった。品揃えも豊富だし、ご飯はふっくら宮城県産ひとめぼれ。イクラとタラコを乗せてミニ海鮮丼にして楽しんでいたら、相席になったオジさんも、真似してイクラとタラコをご飯に乗せていた。

漬け物も自家製だし、海苔の袋に達筆で書かれた「おはようございます」の一言にも心洗われた。さりげなく宮城の味、笹かまぼこがあったのも◎。セルフバイキングだけど、食べ終わったあとの食器をホテルの人が片付けてくれるのもナイス。全体的に何もかもよかった。石巻もまた震災復興中なので、出かけて食べて応援しよう。

ホテルトレンド岩国

【山口県岩国市】

採食日／2018年9月15日　形態／バイキング

MENU

豆腐とワカメの味噌汁
サラダ、ポテトサラダ
カマボコ、きゃらぶき
ウインナー、とろろ
塩ジャケ、ヒジキ煮
切り干し大根
厚焼き玉子
ミニハンバーグ
豚の生姜焼き
生卵、納豆
梅干し、のりたま
味付け海苔、ご飯
ごはんですよ大瓶

種類多すぎ朝メシは突然に

「トレンド」である。ってか俺はトレンディードラマ、特に『東京ラブストーリー』が嫌いだった。鈴木保奈美演じるリカみたいな、しつこくてウルさい女が嫌いなので、こんなドラマがなぜ人気なのか理解に苦しんだ。90年代は、つくづくアホな時代だった。

そんな「トレンド」名義のホテルは、年季が入り

シブい雰囲気。岩国は米軍基地があるので、客もアメリカ人が多い。朝メシ会場にもいて「ハロー！ナントカカントカ、シーユー！」みたいな。声がでけーなと思う一方で、朝メシは種類豊富で充実していた！

配膳コーナーに、ラップをかけた小皿料理がズラーッ！　小皿叩いてチャンチキおけさ片っ端から取りまくる。ってかトレーに乗るのはせいぜい6皿なので、選んで6皿以下に抑えろよってことなんだろーけど、俺は構わず15皿以上取った。会場にホテルの支配人みたいなオジさんがいて、引きつった笑顔で俺を見ていたけど、構わず取った。だってそこに、朝メシがあるから！

取りまくる目の前でショーガ焼きが焼きあがったので、それも取った。意外にも初登場のショーガ焼きである。力は出るけど揚げ物ほど重くないし、朝のショーガ焼きは良い！　あとさりげなく桃屋の「ごはんですよ」の大瓶が並んでいて、こんな大瓶があるなんて！　と驚きつつグワシと取った。業務用か？「ごはんですよ」を使う業務って、どんな業務？

岩国プラザホテル

採食日／2018年9月16日　形態／バイキング

【山口県岩国市】

MENU

ホットコーヒー
トースト（プレーン、レーズン）
クロワッサン
チョコデニッシュ
マーガリン、イチゴジャム、
ブルーベリージャム
ゆで卵
スパゲッティ・ナポリタン
グリーンサラダ、マカロニサラダ
紫キャベツのサラダ
コーン＆コーンフレークス
シジミの味噌汁

ネットの噂を信じちゃいけないよ！

ここはブッキングサイトのクチコミを見たら「朝メシがイマイチ」だの「朝メシをもう少しナントカ」だの文句のオンパレード。そんなにショボい朝メシなのかにゃーと思いつつ、朝メシ会場へ。そしたら。

全然悪くないじゃん！　白ご飯こそないけど、トーストはプレーンとレーズン入りの2種類。サラダも2種類あって、コーンフレークスをトッピングしてちょっと豊かな気分。ナポリタンもアルデンテで、なかなかいい仕事をしている。卵も味噌汁もあるし、何が不満なのか。ナポリに粉チーズもガーッとかけて、俺は満足して美味しく平らげた。

片隅のテーブルにオジさん軍団がいて、厨房らしきほうを向いて「ひとりで大変だね」と言っている。覗いてみると、1畳ほどの狭い厨房に、お母さんがたったひとりで、シコシコと料理を用意し皿も洗っている。この状況で、これだけのメシを用意してくれるのだから、文句を言ってはいけない。ってか俺もほかのページで文句言いまくってるけどねにゃははっ。

そしてここはメシ込みで安かった。部屋もキレイで清潔だった。というわけで噂をうっかり信じないよーに。リンダも困っちゃう、うふ♡

ホテルスカイコート博多

現 スカイハートホテル博多

【福岡県福岡市】

採食日／2018年9月17日
形態／バイキング

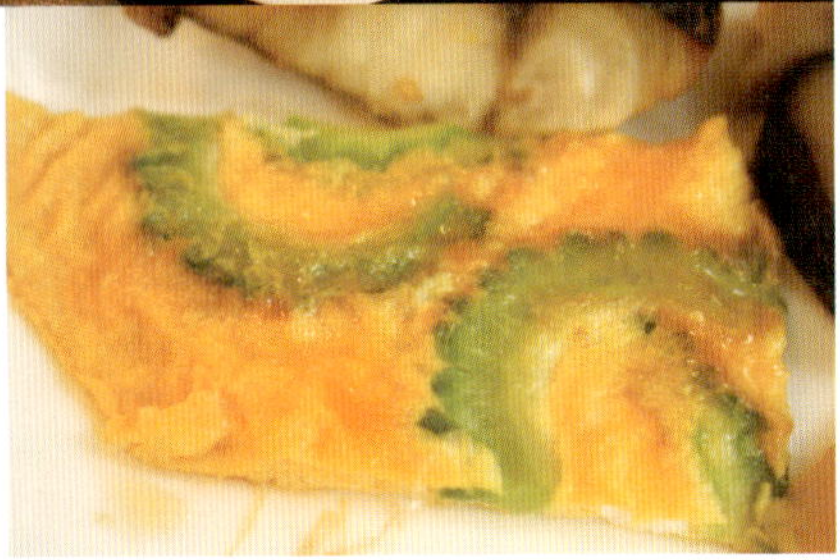

MENU

オレンジジュース
トマトジュース
ワカメの味噌汁
サラダ with バジルドレッシング
冷奴
小松菜のおひたし
ゴーヤの玉子焼き
サバの塩焼き
厚焼き玉子
大根とガンモの煮物
筑前煮
レンコンのきんぴら
スクランブルエッグ
ウインナー
ベーコン
納豆
味付け海苔
明太子
フルーツヨーグルト
ご飯
梅干し
高菜漬け
大根の辛味漬け
ごま塩

中瓶に伸びる手を引っ込める！

9月も後半なのに夏のように暑い中、ホテルへ。するとフロントお兄さんが「今日は暑かったので」と、冷えたオシボリをくれた。到着早々、印象のよいホテルである。

ここはちょっと懐かしくて、10数年前にも泊まった。当時はユースホステルも兼ねていて、会員証があれば安く泊まれた。その頃の俺は、ユースホステルの談話室でワイワイするのが好きだったので、ユースなのにビジネスホテルでガーンとなった。そ

採食日／2018年9月18日

れが今じゃ、ひとり気ままに過ごすほうが好きで、宿はビジホばかり泊まっているからわからんものだ。旅の好みは変わる。10年後、俺はどんな旅をしているのだろー。なーんちって。

　というわけで朝メシ。ご覧の通りの大・充実ぶりである。2泊したのだが、初日に出てきたゴーヤ入り玉子焼きが美味しくて、今度自分でも作ってみよーと思った。あとサラダのバジルドレッシングがオシャレ。2日目に肉じゃがと筑前煮を同じ皿に盛ったら、区別がつかなくなるハプニングもあったけれど。

　そして入口のボードにサンゼンと輝く「アサヒスーパードライ中瓶600円」の文字。ビジネスホテルなのに、ビジネス前に一杯ひっかける豪快さんはいるのだろーか。ゴーヤ玉子は、ビールのつまみに合いそうだけど。

上野ターミナルホテル

【東京都台東区】

採食日／2018年9月20日
形態／朝定食

東京でやっと見つけた、朝メシ付きお手頃ホテル

一通り採食を終えて、編集のM本さんにリストを提出したら「……東京は、ないですよね。まあ仕方ないか」と寂しげな表情。ここは一発M本さんを喜ばせよーと思い、急きょ東京でも採食することにした。そしたら。

MENU

ワカメと巻き麸の味噌汁、ご飯、ほうじ茶
ハムとレタスのサラダ
塩ジャケ、厚焼き玉子、漬物２種
カボチャ、ホウレン草、湯葉揚げの炊き合わせ
なめたけ、山芋めんたい、味付け海苔

ブッキングサイトで探しても、ねーの。朝メシ付きお手頃値段のホテルが！「値段の安い順」で調べたら、得体の知れないゲストハウスが大量に出てきて、東京の宿泊事情の悲惨さに驚いた。そして1泊6000円前後のホテルに、とにかく朝メシがついていない。やっと見つけても「パンとコーヒー、ゆで卵サービス」程度だし。

そんな中でやっと「手ごろな値段で、まともな朝メシが付くホテル」を2軒見つけた。1軒目が上野のコチラ。なかなか年季が入っていて、部屋のドアはオートロックじゃないし、トイレもウォシュレットじゃない。泊まって初めて知る、東京の宿泊事情である。

チェックインして晩飯を食べに外に出たら、またまた驚きが。周辺は上野と思えないほど閑散としていて、店がない。昭和通りから少し奥に入っただけで、こんなに閑散？　結局昭和通り沿いのステーキ屋に入ったけど、店長はアラブ人？で、店員はエグ

ザイル風のやる気なさそーな兄ちゃん。22時LOなのに、21時過ぎで客は俺ひとりで、床のモップがけとか始めちゃって。そのあとアメ横界隈も行って、店はあったけど、チェーン店ばっか。

東京はいつの間に、こんなツマんねー街になったのか。旅人目線で歩いて気づく真実。夜遊びも早々にホテルに戻り寝て起きて、地下1階の料亭みたいな店で朝メシを食べた。

きちんとした和朝食で、新潟十日町の米が美味。客の外国人に、伝統的な日本の朝ごはんを～という狙いもあるようだが、値段は1000円と高め。そのせいか朝メシ客は、日本のサラリーマンばかりだった。

ホテル1階が隣のプロントと繋がり、トーストセットを300円台で食べられる。東京は牛丼屋の朝定食もあるし、コンビニも多いから、安い朝メシに不自由しない。わざわざホテルで朝メシを出すのは、いろいろ割に合わないのかも。なんかツマんないね、東京。

TOKIO's HOTEL

【東京都北区王子】

採食日／2018年9月21日　形態／バイキング

TOKIOのホテルで空を飛ぶ!?

というわけで東京でもう1軒。ってか王子って、お泊まりどころか都内に住んでいても行かないよなー。

んでチェックインすると「朝食会場が少し狭くて、混み合うとお待ちいただくので、時間に余裕をもってお越しください」とフロントのお兄さんが言う。

MENU

トースト＆バター
イチゴジャム
ママレード
ご飯
ワカメの味噌汁
生卵（ゆで卵もあり）
納豆
味付け海苔
鶏の唐揚げ
サバの塩焼き
ブロッコリー
厚焼き玉子
漬物

コラム㉒
バイキングは自分との戦い

本書を読んだ人は俺について、
「コイツはなぜバイキングの料理を全種類取るのか。アホじゃないか?」
と思っていることだろう。バイキングは本来「自分の食べたい料理だけを適量取る」のが正しくて、全種類取るものではない。品数が多いのは、いろいろな人の好みに対応するためで「全部取れ」ということではない。

だが俺は、そこにある美味そうなものを、全種類食べずにいられない。あれも食べたいけど、こっちも食べたい。そして結局両方取ってしまう。バブルの営業マン時代は立食パーティーが多くて、俺の職場では全種類を食べる「バイキング殺し」が流行っていて、今もそのクセが抜けないのだ。

バイキングは目が料理を欲しがる、欲望との戦い。自分を律する精神修養の場だ。頭でそうわかっていても、結局全種類食べて「やっちまった」と後悔する自分。この未熟さはいつになったら直るのかにゃー。

じゃあってんで開始5分前に行ったら、まだ空いていて待たずに食べられた。

だけどどのオカズもそんなに大量に盛られていなくて、ひとりでグワシと派手に取ったらヒンシュクを買う感じ。なので唐揚げも厚焼き玉子も1個ずつに抑え、卵も生卵だけ取ってゆで卵はガマンした。その分トーストを焼いて腹を満たしたけどね。まあ不満はないけど、全く普通の朝メシだった。

ちなみに部屋は凄くキレイでオシャレで、快適だった。オシャレだけど、どこか無機質な感じも。そして朝メシも無個性。今どきの東京のホテルって、全体的にそんな雰囲気なのかなー。

と思ったらホテルの地下1階はイベントスペースで、女子プロレス開催のポスターが貼ってあった。ホテルの地下でプロレス。そんなカオスも東京ならではかもね。

あとがき

全て残さずいただきました！

　というわけで2年分のビジホ朝メシの実食記録をご覧いただき、皆さんも食欲をそそられるのを通り越して、さぞかしゲップが出たことだろう。ちなみに本書に収録した朝メシは、一皿残らず全て完食した。ご飯の一粒から汁の一滴まで残さず、全て。我ながらいい歳して、よく食べたもんである。

　本文では少ないだのショボいだの工夫が足りないだの、あーだこーだ言いたい放題言ってしまった。でも安い宿泊代に朝メシ代まで含まれて、目が覚めて朝メシ会場に行けば料理が並んでいるのだから、こんなにありがたいことはない。採食した全てのホテルに改めて「ごちそー様でした」と言いたい。

　というか読み返してみると、採食を続けながら無意識のうちに、段々ぜいたくになっている自分がいて愕然となった。一汁数菜がきちんとそろっているのに、当たり前すぎて面白くないとか、郷土色が足りないとか言っている俺っていったい？

　慣れとは恐ろしい。いつの間にか「ビジホたるもの、朝メシは出てきて当たり前」と、俺は思い込んでしまっていたのだ。これではまるで、ネットで社会にケチつけまくる、ワケのわからん人々と同じである。そこまで含めてビジホ朝メシは、さまざまな面で「現代日本」を反映しているのかもしれない。なーんてキレイにまとめてる場合かっつーの。

　一方で、朝からモリモリ食べる「同志」が大量にいることに驚き、うれしくも感じた。コラムでも書いた通り、朝メシをしっかり食べられるのは、心身ともに健康な証拠。何かにつけて病んでいると揶揄される現代日本人だが、こんなにも皆さん朝からモリモリ、パワー全開で朝メシを食べているなんて。日本もまだまだ捨てたもんじゃない、日本の未来はけっこう明るいんじゃないかと思ったりもした。

あと東横インの採食が、やたら多くなってしまった。専用カードを作ると宿泊ごとに1ポイントもらえて、10ポイントたまると1泊タダになるので、ついつい泊まってしまったのだ。また東横インはウェブ予約が簡単で、しかも最近はやりのブッキングサイトよりも公式ホームページのほうが安く正しい料金なので、使い勝手がいいのでついつい利用した。そんなわけでオイラは今や、60ポイント貯めたヘビーユーザー。いろんな東横インの朝メシについて、それはもうあーだこーだ好き放題書いてしまったが、関係者の皆様には笑って許していただければ幸いである。

とにかくご飯でもパンでも焼きソバでも海鮮丼でも、朝メシはしっかり食べてシャキッと目を覚まし、元気いっぱいでその日の業務に向かいたいものだ。そしてこれだけ手を変え品を変え、朝メシというものが提供される日本は、重ねて言うけどなかなか素晴らしい国なのかもしれない。

みんな歯ぁ磨いたか？　宿題やったか？　そして朝メシちゃんと食べたか？　今日も1日適当に手を抜きつつ、健康で無事に過ごしましょー。というわけでアホな本を出して恐縮ですが、次回はたぶん？マジメな旅の本を出すので懲りずにお付き合いください。

以上、カベルナリアでした。日本のどこかで縁があったら突然お会いしましょー。ほんじゃまたねー。

２０１８年11月　夏の日差しが降り注ぐ奄美大島のバス停のベンチで

カベルナリア吉田

著者プロフィール

カベルナリア吉田

1965年北海道生まれ。

早稲田大学卒業後、読売新聞社ほかを経て2002年からフリー。

沖縄と島を中心に全国を歩き、単行本ほかで紀行文を発表している。近著は『**大人のひとり休日行動計画**』（ＷＡＶＥ出版）、『**突撃！島酒場**』（イカロス出版）、『**何度行っても変わらない沖縄**』（林檎プロモーション）、『**狙われた島**』（アルファベータブックス）。

ほかに『**沖縄の島へ全部行ってみたサー**』（朝日文庫）、『**絶海の孤島**』（イカロス出版）、『**沖縄バカ一代**』（林檎プロモーション）、『**沖縄戦546日を歩く**』（彩流社）、『**沖縄ディープインパクト食堂**』（アスペクト）など。

早稲田大学社会人講座「実踏体感！沖縄学」「ニュースの街を歩く」ほか開講中。ラジオアプリ「勢太郎の海賊ラジオ」内のコーナー「カベルナリア吉田のたまには船旅で」随時配信。

趣味はバイオリンとレスリング、料理も少々。

175cm × 86kg、乙女座O型。

ビジホの朝メシを語れるほど食べてみた
全国ビジネスホテル朝食図鑑

2019年1月18日　初版第一刷発行　検印廃止

著　者　カベルナリア吉田
発行人　松本卓也
編集人　黒柳一郎
装　丁　中村欽太郎
発行所　株式会社ユサブル
〒103-0014　東京都中央区日本橋蛎殻町 2-13-5　美濃友ビル 3F
電話　03（3527）3669
ホームページ　http://yusabul.com/
印刷所　株式会社シナノパブリッシングプレス

ISBN978-4-909249-19-7

定価はカバーに表示してあります。
落丁・乱丁本はお手数ですが小社までお問い合わせください。